癒しの基本となる心の整え方

セラピストマインド

片岡美沙

知道出版

はじめに

今や〈一億総セラピスト時代〉に突入しています。

日々のストレスやネガティブな感情に擦り切れそうになり、何とか楽になりたい方々。そして、そんな擦り切れそうな大切なあの人が楽になったら良いのに、と願っている方々。そういった方々によって、かつては特殊だった〝癒し〟の分野が、今や日常的なものになってきました。


私自身も、最初は自分自身を楽にしたいために癒しの世界に興味を持ち、結果的にプロのセラピストとなりました。でも私は、セラピストやヒーラーとしての特別な能力を持っているような人間ではありません。平凡な能力しか持っていない、平凡なセラピストです。もともと、金融機関や、金融系のコンサル会社に所属して超現実主義者として生きてきましたから、「目に見えないもの」「数字で計れないもの」「触れて体感できないもの」を全否定していたような人間です。

私よりもうんと優れていて、先天的にズバ抜けた、まるで神がかりな特別な能力を持った方なんて星の数ほどいらっしゃるのです。

ですから、知識と経験を人一倍増やそうと決めました。特別な能力がないからこそ、理論をちゃんと勉強しよう。自信がないからこそ、その理論を活かせるたくさんの経験を積んで自信をつけよう。そう思って、ブログを書いたり、とにかくたくさんセッションをしたり、セミナーを開催したりして、後天的に得た知識や智慧、経験を自分なりに伝える活動に集中しました。

そして、私のブログやセミナーがきっかけで、ご自身が癒され、徐々に「自分も周囲の大切な人を癒したい」という想いを抱かれる方々が増え始めました。

また、セラピストとして進んでいきたいけど進み方がわからないという方が、自分はいったい何がしたいのか、どういう方向を向いて、何を習得したらいいのかに気がつき、迷いがなくなったということも多数ありました。

特別な能力は持ち合わせていませんが、どうやら私には、これからセラピストとして生きられる方の〝マインドの土台〟を創るお手伝いをする能力には長けているようです。

この本では、セラピーの具体的な手法は何一つお伝えしていません。

はじめに

能力を劇的に高める手法をお伝えしているわけでもありません。

また、専門的な話や、学術的な話なども書いていません。

ただただ、地に足をつけた現実的な視点で、〝セラピストマインドの基本〟についてお伝えしている本です。

決して、プロのセラピストになることを目指している方だけに向けた内容というわけではなく、「あの人を楽にしたい」「誰かの役に立ちたい」と思っているすべての方が、〝セラピストマインド〟を身につけて〈まず、何をしたらいいのか〉という手掛かりをつかむことができる本です。


人を癒すためには、能力や技術的なこと以前に大切なことがたくさんあります。

この本が、あなたのセラピストマインドの土台を創り、ブレない軸となり、あなたにしかできない癒しを大切な誰かに提供できるようになる、そんな一端を担えれば幸いです。

片岡美沙

セラピストマインド ◯ 目次

はじめに　3

第1章　自分を見つめ整理しよう……11
なぜ、あの人はうまくいくのに、自分はそうなれないのだろう？　12
自分の人生の主導権を誰がにぎっていますか？　17
人は思い込みを実証しようとする　20
〝足かせ〟がある状態で何をやってもうまくいかない　26
同じ出来事を何とも思わない人と不快に受けとめる人　33
無意識に「悪者」を創ってしまっている　38

第2章　つらさを力に変える方法……45
荷物の多い人ほど多くの人を癒すことができる　46
どうなりたいのかわからない

目次

～行き先を明確にする～　53
心の状態をネガティブからポジティブに戻すテクニック①
～「ネガティブ＋〝でも〟＋ポジティブ」～　60
心の状態をネガティブからポジティブに戻すテクニック②
～〝お気に入り〟の自分になる～　63
うまくいかないことで得ているメリットは？
～その先にある〝恐れ〟とは？～　70
執着を手放す方法①
～〝根本の執着〟ってなに？～　77
執着を手放す方法②
～恐れは〝あきらめる〟～　84

第3章　エネルギーを自在に扱う……89

エネルギー不足だとどうなる？　90
エネルギーを高める方法　95

波動ってなに？
〜引き寄せの原理・波動の法則〜　101
波動を変える方法　110
「妬み」を認める　116
宝くじは買わない！　120
チャクラを意識する　124

第4章　想いを伝える技術……129

うまく話そうとせず「お届け」する　130
アドバイスという名の〝否定〟　133
共感されないと人は動けない　135
「そやねん」の魔法　139
どうして私の話は聞いてもらえなかったのか？　142
質問を変えるだけで空気が変わる　155
人は聞きたいように聞いてしまう　158

目次

第5章　セラピストとしてのQ＆A ……… 165

Q「セラピスト」「ヒーラー」「カウンセラー」の違いとは？　166
Q セラピストとして、一番大事なことは？　169
Q 受講したいセミナーやワークがたくさんあります。どうしたらいいのでしょう？　170
Q どうしたら依存体質をやめて、自立的に生きられるのですか？　174
Q 知識や手法を最短で習得する効果的な方法は？　179
Q 好転反応ってあった方が良いの？　180
Q 水を飲むといいのですか？　183
Q どうしても気分がスッキリしないときは？　186
Q「ヒーリング」「リーディング」「チャネリング」の違いって？　189
Q どうして「リーディング」ができるの？　191
Q 未来がわかるのはなぜ？　193
Q 潜在意識とのコンタクトの仕方は？　195
Q どうすればシータ波になるの？　201
Q 直観力を高めるには？　204

Ｑどうしても視えないのですけど…… 208

第６章　セラピストとしての自覚と人生……………………………………………………213

〝共感〟と〝同情〟の違い 214
どうして自分の中の荷物を下ろさないといけないのか？ 218
目標型と展開型 222
〝人の人生に関わる〟〝責任を取る〟という覚悟を決める 228
「知識」×「応用力」＝〝智慧〟 233

あとがきにかえて 240

第 1 章
自分を見つめ整理しよう

なぜ、あの人はうまくいくのに、自分はそうなれないのだろう?

「悩みとか全然ないんじゃないですか?」
「どうやったら、そんな余裕な状態でいられるんですか?」

よく、こんな質問を受けますが、きっと私がセラピストという「人を癒すような仕事」をしてきたからだと思うのです。

いやいや、そうは言っても私も普通の人間ですので、そこそこ落ち込んだり、それなりに悩んだり、悶々としたり……ということがないとはいえないはずですが……あれ? 確かにあまり悩みもないし、気持ちにも余裕がある方だという気がしてきました……。

最近の「悩みかな」というものを強いて挙げるとすれば、「ちょっと太ったかなぁ」とか、「思いがけず車検にお金がかかってしまった」といったような、策を考えて適切に行動さえすれば解決できるレベルのことばかりです。長くても数分、どうかしたら数秒で忘れてしまうほど、つまり私の悩みは、三歩歩いたら忘れてしまう程度のものかもしれません。

今では、このようにみなさんがうらやむほどの性格を手にした私ですが、実は、もともとこんなライトな人ではなかったのです。

今までの私の人生を振り返ると、何をやってもうまくいかない〝暗黒の時代〟を彷徨《さまよ》ってきた自分がいました。

すぐに他人と自分を比べて、「どうして自分は何をやってもダメなのだろう」と人知れず悩んでいた時期がけっこう長く続いていたのです。

正直に言いますと、何をやってもうまくいっている（ように見える）人を見て、妬《ねた》みのオンパレードでした。そういった人や自分より立場の弱い人の陰口を叩くような、典型的な〝性格の悪いヤツ〟でした。さらに、気に入らなければ暴言を吐いたり、辻褄《つじつま》の合わないことを理詰めで責めるなど、こうやって書いてみると、自分でも嫌になるくらいの暴君っぷりでして、気持ちの面でも、常に余裕がなかったのです。

20代の頃は、大きな郵便局の「ゆうちょ」や「かんぽ」の窓口担当をしていました。

職場では、いつも先輩からの攻撃の標的になっていた（と当時は感じていた）ので、お客さまではなく先輩の顔色ばかりみてビクビクしていたり、頭の中は常に人間関係の悩みが占拠し続けていたりして、目の前の業務に集中できず失敗を繰り返して、仕事にも行きたくなかった時期が相当長く続きました。

また、仕事以外でも、常に動いていないと落ち着かず、休みの日であっても、何もしないでぼーっと過ごしてしまう自分を「なんて無意味な休日を過ごしてしまったんだ！」と、責めていました。

休日だからゆっくり過ごして良いはずなのに、何をしていても時間を有効に使えていない自分に罪悪感を抱いていたように思います。

何をやっても自分はだめだと自己否定感でいっぱいになる。周りを見れば、みーんな楽しそうにうまく生きている気がする。

「あぁ、やっぱり私ってアカン人なんや」――つまり、**何をやっても思うようにいかない、ダメダメで残念な自分だった**んです。

そして、そんな自分を隠すべく、必死に動き続けては空回りしていたのでした。

そんな私が、どうして今のように悩みらしい悩みもなく、気持ちにも態度にも余裕がもてるようになり、挙句の果てには他人さまを癒すような仕事までするようになったのか。その秘訣を本書でお伝えできればと思っています。


セラピストは「常にクリアな状態でいなければならない」とよくいわれます。

では、この〝クリアな状態〟とは、なんでしょう?

それは一言でいっちゃうと、「**自分のなかのお掃除が進んでいる状態**」ということ。

人に癒しをもたらすはずのセラピスト自身が、どんよりした状態だったり、しんどい状態だったりすると、とても人に対して癒しをもたらすことはできません。

例えていうなら、**〝泥水で満タンになっている洗濯機で洗濯をするようなもの〟**なので、まずはセラピスト自身が、毎日を心地よく過ごせるようになることが肝心なのです。

それは、自分の心の中にある不要な荷物をちゃんと下ろして、足かせのない軽やかな状態になること。セラピストへの第一歩は、まずそこからなのです。

それは、自分のなかのお掃除の仕方を知らない人は、人のなかのお掃除もできないからです。

まずは**自分がちゃんと癒されないと、人を癒すことなんてできません。**

かつて荒《すさ》んでいた私は、あるとき、ふと、**「こんな残念な自分をやめる！」と決意して、自分のなかのお掃除をし始めた**のです。

そうすると、それまで文句ばかりいって、流されて、思うようにいかないことがあっても「仕方がない」と諦めたり、人のせいにしていた人生が、どんどん変わり始めたのです。

そして、あらゆることが自分の思うようになってきました。

思い描いていた状況を自分で創り出せるようになり、なりたい自分にどんどん変わってきたのです。

「あれ？　もしかしたら自分って意外にもダメ人間ではないのでは？」

そんな意識が芽生え始めたのです。

そうやって、**「自分の人生って自分が思うように創れるんだ、自分で舵取りができるんだ」**ということに気がつき始めたのです。

いま振り返ると、それがセラピストへの一歩だったのでした。

自分の人生の主導権を誰がにぎっていますか？

先日、私のセミナーに来て下さったある方が、こんなことをおっしゃっていました。

「今までいろいろな講座を受けてたくさん学んできて、ずいぶん楽にはなったけど、どうしても強くなれない。だから弱くて自信がない自分をやめたくて受講しに来ました」

それを聞いて、私はこういいました。

「本当に強くなって自信を持つ気はありますか？」

すると、「……今まで無理だったけど、できればそうなりたいです」

とおっしゃったので、私は、「恐らく今回も無理ですね」と言い切ってしまいました。

なぜなら〝なりたい〟では、なれないからなのです。

〝今までとは違う自分になる〟と自分が決めて、自分でそうなろうとしないと誰も変えてくれません。

自分の人生を環境や状況に流された、何者かに支配されたものではなく、自分の思うように舵取りをするためには、自分の**心の荷物を「自分で手放して軽くする」ということを**

〈自分で決める〉ということです。

でも、たまにこのような人がいらっしゃいます。何かのセラピーやヒーリングを受けたら、魔法がかかったようにクリアな自分に変化できると思っている人。

確かに世の中には、心が一瞬で軽くなるような素晴らしい癒しのテクニックはたくさんあります。けれどもそれは、誰かが魔法をかけてくれる手法ではないのです。それは、あくまで**「自分の意思で変わるんだ！」と決めている人にのみ有効**なのです。

自分でそれを決めずにいると、いつまでたってもうまくいかない事を他人のせいにしたり、状況や境遇などの何かのせいにしたりして、次から次へとさまざまなセラピーを受け、セミナーに参加し、それに依存してしまう……。

残念ながら、実際にそういったセラピージプシーのような方をたくさん見てきました。

確かにセラピーを習得するセミナーやヒーリングなどを受けた直後は、自分が大きく変わった気がするものです。

「あぁ！　これでやっと今までと違う自分になれた！」と、そう思うかもしれません。

けれども、自分で変わるという意思を持っている人は、そこで終わりません。**ちゃんと**

何らかの行動をすぐに起こします。それは些細な行動かもしれませんが、「**自分の力で変わる」と決めている人こそ、無理なく自然に行動を変えられる**のです。

たとえば、朝起きるのが苦痛じゃなくなったので、少しだけ早起きになったとか、お菓子の食べ過ぎを我慢できるようになってきたとか。

ちなみに私の場合は、お酒の量が格段に減りました。

もともと、毎日飲まないとやってられないくらいの酒豪だったので、仕事帰りには必ず記憶がなくなる一歩手前くらいまで飲む日々を送っていました。ところが、まだ会社員だったある年の年末、ふと自分の異変に気がついたのです。

「あ……そういえば最近、お酒飲んでない。飲まなくても平気になっている」

あんなに浴びるほど飲んでいたのに。しかも街は年末の忘年会シーズンで、ついつい飲みに行きたくなる雰囲気満載です。そんな状況の中、自分が全然お酒を飲んでいないことに気がついたのは、翌月である年明けでした。

自分で変わることを決めたら、**自然に変化**していきます。もしかしたら**本人も気づかない範囲の行動の変化**かもしれません。「自分で変わるんだ！」ということを決めると、頑張らなくても言動が自然に変わってくるのです。

逆に、自分で変わる意思を持てずにいる人は、たとえどんな素晴らしいセラピーを受けたとしても、何かうまくいかない不快なことに遭遇すると、**自分以外の誰かのせい**にしたり、あるいは、**自分が置かれている状況や過去の出来事のせい**にしたりします。

つまりそれは、自分の人生の責任を自分で取っていないということ——起こる出来事すべて、自分以外の誰かや環境や、過去の何かのせいにしているということになります。

それは結局、**自分の人生の主導権を自分で握っていない**、ということ。だから、何が起きても他人事で、ただ流されてしまっているだけになっているのです。

まずは、〈**自分で自分を変えるということを**、**ただ決めること**〉——そこからです。すると、自分の人生に起こることが、すべて自分事になります。

人は思い込みを実証しようとする

自分の人生の主導権を握って、思うような人生を創っていこうと思うなら、先述の通り、まずは「自分自身の心のお掃除」を進める必要があります。

自分の中がクリアになれば、まるで魔法使いになったように、すべてが思うままになるのか……というと、決してそんなことはありません。

日本人という人種に生まれているのに、「えいやっ！」と強い意思の力で欧米人という人種に変わる……なんてことは不可能なのと同じです。生年月日を変えることもできませんから、どうしても変えることができない部分があるわけです。

でも、変えられない部分なんて、実は一握りなのです。

ある程度のことは自分の意思と努力で何とかなるのです。

というか、むしろ、人生の8割以上が自分の意思と努力によって創られています。

つまり、**今の自分の状況、置かれている環境は、実は過去の自分の意思と努力によって創られたものだ**——といえるのです。

「えーっ！　こんな自分になる意思なんてまったくなかったし、当然そんな不毛な努力もしていない！」と思いませんでしたか？

ええ、そうでしょう。

「むしろ、やるべき努力をしなかったからこそ、こんな私になってしまったのでは？」

はい、そう思われるのもごもっとも！　以前は私もそう思っていました。

でも実は、私たちは「今のこの自分」になるために、今まで全力を注いできたといっても過言ではないのです。もし、「やるべき努力をしてこなかった」のであれば、自分のなかの**無意識の部分**が、「やるべき努力をしないように全力で努力してきた」ということでもあるのです。

さて、一般的に〝潜在意識〟と呼ばれる、私たちの〈無意識〉は、とにかく全力で、「**思い込みを実証しよう**」とします。

もしもかつての私のように、「自分は何をやってもダメな人間だ……」と思いこんでいたら、全力で「何をやってもダメ」が実証できてしまうことを〈**無意識**〉にさせてしまうのです。〈無意識〉なので、自分の意思ではコントロールができません。だって、意識していない部分なのですから。

実は、私たちの言動を支配しているのは、この〝潜在意識〟と呼ばれる〈無意識〉の部分なのです。

表面意識と無意識は、海のなかの“氷山”に例えられる！

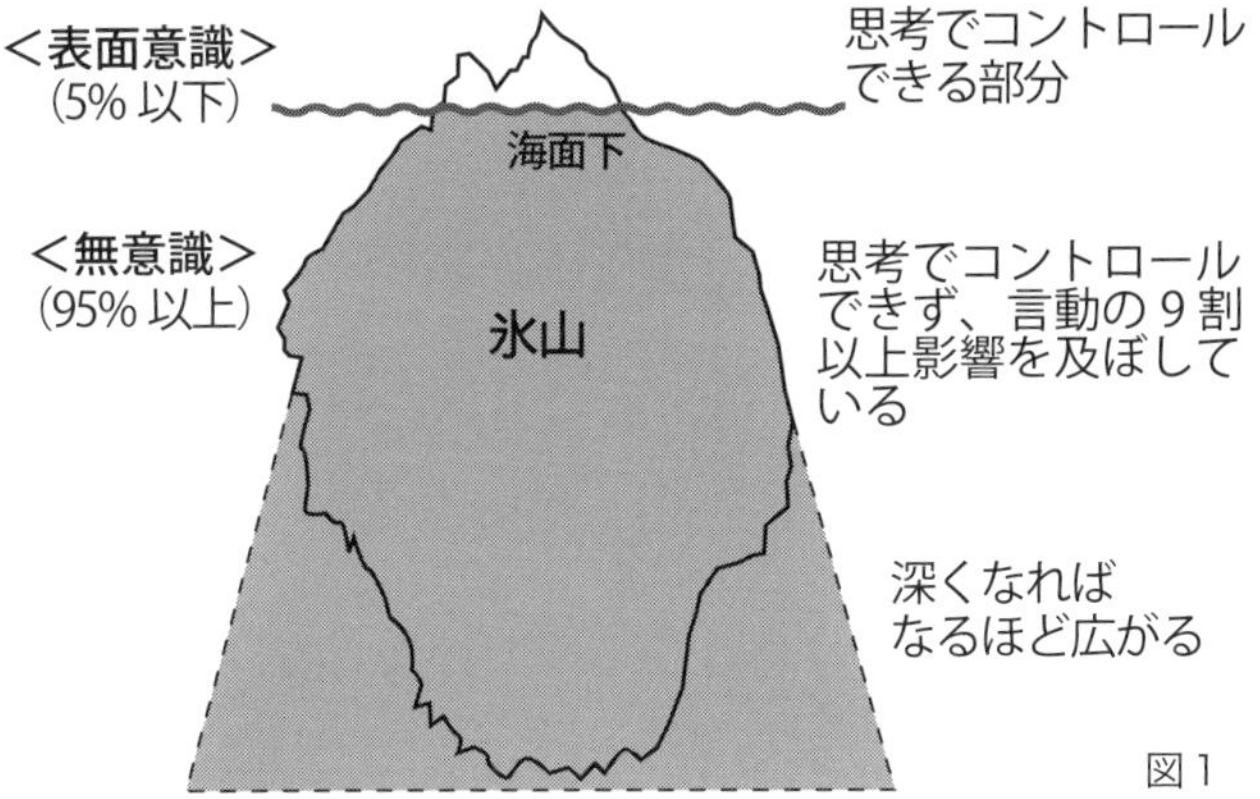

図1

私たちの意識全体を100パーセントとすると、一般的に〝顕在意識〟といわれる「表面意識」の部分は、**たったの5パーセント以下**だといわれています（1パーセント以下という説もあります）。

つまり、私たちの言動の95パーセント以上は、無意識に行われてしまっているということになります。

「そんなことはない！　私はちゃんと意識的に言動している！」と言いたいお気持ちはよーくわかります。でも、実際に注意深く考えてみるとその通りなのです。

たとえば今、この本を読んでいるときでも休みなく続いているあなたの「呼吸」はどうでしょう。「ハイ！　今、吐いたから、次は吸って！」「今度は少し深めに長めに吐いてみよう」

なんてことはまったく意識せずとも、勝手に、自動的に繰り返されています。両目の瞼が絶えず繰り返している瞬《まばた》きもそうですし、歩くときだってそう。

「右足の次は左足！　今は急いでいるから歩幅は広めに！　ちょっと小走り気味で！」という意識もなく、急がないといけないときは、自動的に歩幅やスピードが調整されて〈無意識〉で歩くペースが作られています。このように、私たちはほとんどの身体の動きや言動を、〝意識でコントロールしていない〟部分にゆだねているのです。

つまり、95パーセント以上が〈無意識〉であれば、**私たちは自分の人生の95パーセント以上を無意識的に決めている**ということになるのです。

では、95パーセント以上の〈無意識〉は、何を元に言動を決めているのでしょうか？

それは、顕在意識（表面意識）に現れていないかもしれない、**無意識に決めてしまっている〝信念〟**によるものです。これを一般的に〈**思い込み**〉といいます。

〈無意識〉は、表面意識がそれを望んでいなくても、とにかくその〈思い込み〉が正しいものだという信念を持っているので、その正しさを実証しようとするのです。

その思い込みを実証して、「ほらね」っていいたいのです。

「ほらね？」を感じているとき、私たちは「自分は正しい」という大きな快感を感じます。それは「自分の信念は正しい」、そして「今までの自分は正しかったんだ」と、**これまでの自分が肯定されるから感じられる快感**なのです。そして、〝安心〟するのです。

だって、今まで想定していた範囲のなかで物事が起こっているということは、今後も想定外のとんでもないことが起こるわけない——つまり、今までの経験上で対処できることしか起こらないという〝安心感〟が得られるのです。だから、思い込みが実証されるような現実を〈無意識〉に創り上げてしまうというわけです。それが、顕在意識（表面意識）上ではまったく望んでいないことであったとしてもです。

そしてそのことが起きたときに、私たちは、「ほら、やっぱりね」とどこかで思って、そして安心しているのです。

〝足かせ〟がある状態で何をやってもうまくいかない

人は〈思い込み〉を実証しようとして、そのための現実を創る、ということの具体例をいくつか挙げてみましょう。

探し物をしているときのことを思い浮かべてください。

なかなかそれが見つからないときに、心の中で、あるいは口に出してどんな言葉をつぶやいていますか？

恐らく、ほとんどの場合が**無意識的**に、「ない、ない……」「あらへんなぁ」といった言葉をつぶやいてしまっているのではないでしょうか。

無意識にその言葉が出てきているということは、潜在意識（無意識部分）が「あるわけがない」と思い込んでいるということになります。

さて、ここでちょっと意識を変えると、不思議な現象が起こるのです。

意識的に「ある、ある」「出てきた、出てきた」と言いながら探すと、あら不思議！

何度も探していたはずの場所から見つかったり、今まで気にならなかったところが気になり出して、そこから出てきたりするのです。

「ない、ない」と言っているときは、「あるわけがない」と思いこんでいるわけですから、たとえ目の前にあって、目の網膜がその現物を捉えていたとしても、脳が反応しないのです。だって、もし見つけてしまったら、**自分の〝信念〟ではないことが起きてしまって都合が悪い**から……。

視覚や聴覚といった感覚は、網膜や鼓膜がその情報をとらえたとしても、脳の中の大脳新皮質という、思考や判断をつかさどる部位を経由して感知されるのです。つまり、思考や何らかの判断によって、その情報の伝わり方が変わるため、事実が捻じ曲がって認識されてしまう可能性があるのです。

私たちは身体の細胞、脳細胞のレベルで、思い込んだことを実証しようとしています。そこまでして〈思い込み〉を実証しようとするのです。

人間の身体だけではなく、物質のレベルにおいても不思議なことが起こります。

たとえば、私が初めて輸入車を買ったときのことです。私が買ったのは、フランス製のシトロエン、つまりヨーロッパ車です。

ヨーロッパ車というと、ふた昔くらい前までは「頻繁に故障して当たり前」というのが定説でしたが、今は国産車と変わらないレベルの性能だといわれていますし、実際トラブルもなく何年も快適に運転できています。

購入して数か月経過したとき、運転免許を取得した直後からヨーロッパ車に乗り続けているという友人が、私の車に乗る機会がありました。

頻繁に故障する時代だった二十年以上前からヨーロッパ車に乗り続けているという彼女は、「この車もすぐにトラブルに見舞われる」という前提で、自分の経験談や、故障したときの対処法を私にレクチャーしてくれていました。

でも、私は「いやいや、それは昔の話でしょう?」という姿勢で聞き流していたのです。

そんなとき、ふとその友人が「自分もこの車を運転してみたい」といい出したので、少しだけ運転を代わったのです。

その一件が起きたのは、交代した直後です。

彼女が乗ってすぐさま、なんと今まで見たことすらないエラーランプが点滅しだしたのです。私も車を運転するようになって二十年ほど経っていましたが、そんなランプがあったことも知らなかったくらい、珍しいことが起きたのです。

次の瞬間、その友人はいいました。

「ほらね？」と。

つまり、彼女の中では「ヨーロッパ車は故障して当たり前」という〈信念〉があったのです。その期待に応えるべく、彼女が乗った瞬間に車もその通りの反応を見せたわけです。

その後すぐにディーラーに連絡して車を見てもらったところ、エンジントラブルを表すエラーランプの〝点灯エラー〟だったようで、幸いエンジン自体の異常ではなく事なきを得たのですが、車のような物質ですら〈思い込み〉に影響された現象を起こしてしまうのだということを身をもって体感した出来事でした。

ちなみに、私は「最近のヨーロッパ車は国産車と変わらない高性能」という〈信念〉を持っているので、そういったトラブルは後にも先にもまったく起こっていません。これもまた〈思い込み〉を実証してくれています。

こういった現象ばかりでなくても、〈思い込み〉は私たちの言動レベルにも計り知れない影響を与えています。

かつて私は、「自分は平均の中の平均」「だから特別な何か変わったことをすると失敗する」という〈思い込み〉を持っていました。

その〈思い込み〉があった頃の私は、善くも悪くも常に「平均」「標準」の人間でした。中学時代の定期テストでは、ものすごーく勉強して挑んでも結果は常に「平均点」でした。そして、あまり勉強せずに挑んでも、やっぱり「平均点」なのです。

子供の頃から、身長も「標準」。体重もだいたいいつも「標準」の範囲内。ちょっと太ってきたと感じたら、いつの間にか勝手に「標準」の範囲に戻っているのです。

その〈思い込み〉を持つことになった理由は明白です。

両親が「普通が一番良い」「どうせ変わったことをしても失敗する」と口癖のようにいっている環境で育ったからなのです。そんな親の「安定が一番」「堅実に生きなさい」という〈信念〉を守って、結局、私は国家公務員になったのでした。

そんな私でしたが、気持ちのどこかで「特別な存在でいたい」というひそかな欲求もありました。でも、目立っている子の行動を真似てみても、その他大勢に埋もれてしまって、結局〝どこにでもいるような普通の子〟でしかありませんでした。

絵を描くことだけが得意で、中学校時代の美術の成績は常に5段階評価の「5」でした。

そこで、県立高校の美術科という、〝ちょっと普通じゃない特別な進路〟を希望したのですが、受験は失敗。見事に不合格でした。

それでも〝特別〟を諦めきれなかった私は、私立高校の美術科に進学したものの、たった1年で父親の仕事の都合で遠方に引っ越すことになり、県立高校の普通科に転校。

結局、〝特別〟な進路を選んでも、一般的に「普通」「標準」といわれる方へどんどん引き戻されることが、繰り返し起こるのです。

でも、それは見えない何かの力によって〝引き戻された〟わけではなかったのです。

最初に通っていた私立高校は寮制度が完備されていて、両親は「せっかく入った美術科だから、寮に入っても構わない」と言ってくれていたにも関わらず、結局、私は転校することを選びました。

転校を決めるとき、私の口から出た言葉は、「自分だけ寮に入るとなると、経済的な負担も増えるし……」「両親と暮らせるのも、きっとあと数年。だから今は一緒に居ないと」という、誰もが「ごもっとも！」と納得するであろう言葉でした。

果たして本心だったのか？　と尋ねられると、そうじゃなかったと今はわかります。

ごもっともな理由……つまり、〝言い訳〟を述べることで、自然に「普通」「標準」に戻れる流れを無意識に作っていたのでした。だって、特別なことをすると、とんでもないことになりそうで怖かったのです。

確かに〝特別〟であることには憧れるのですが、それは表面意識だけのこと。それよりも、やっぱり慣れ親しんだものに、私たちは安心感を得るのです。

顕在的な〝憧れ〟よりも、潜在的な〝安心〟。慣れ親しんだ〈思い込み〉の通りのことをすることで、心の底から安心するのです。だから「ほらね」「やっぱりね」「またこうなったでしょ？」と「思い込み」を実証したいのです。

こんな感じで、どれだけ表面意識で「こっちに行くんだ！」と決めても、無意識が全力で〈思い込み〉を実証する方へ連れ戻そうとします。

「私は人に受け入れられない」という思い込みがあれば、自分の何十兆もの細胞が総動員で、「人に受け入れられない現象を起こすんだ！」と、気合を入れて、「人に受け入れられない自分」であることを実証しようとします。

だから、わざと人から嫌われる言動を取ってみたり、受け入れられそうになったら、自分から壊してみたりします。これらは、もちろん〝無意識に〟やってしまうのです。

「どうしてもそうなってしまう……」と、理屈や努力ではどうにもならない〝どうしても〟があるのであれば、それはもしかしたら、あなたにも見えない足かせである〈思い込み〉があるのかもしれません。

同じ出来事を何とも思わない人と不快に受けとめる人

「何の引っかかりもないかのように過ごしている」という表現がピッタリの人に出逢うことがあります。

普通であれば不快を感じるであろう出来事や場面のなかにいたとしても、本人はそこに何の不快も感じていない様子で「えっ？　何のこと？」という具合です。

そういう感じの人、たまにいませんか？

不満を感じていても我慢をしているという様子でもなく、本当に何の不快も感じていないようなのです。

以前、この「何の引っかかりもないかのような人」に「なぁなぁ、嫌いな人とかいる？　腹が立つこととかないの？」と訊いてみたことがあります。すると、「ないですね」と、サラッと一言で返されました。不満や不快感がないとは、本当に羨ましい限りです。


頻度や重さに差があるにせよ、ほとんどの人は、日常の中で何かしらの不満を感じることがあるかと思います。そして、この人のように不満を感じにくい人もいれば、何においても不快や不満ばかり口にしている人もいます。

同じ出来事でも、不満を感じる人もいれば、何とも思わない人もいる。不満の感じ方も「えっ？　ここで怒る？」「そこで落ち込む？」という不満ポイントが、人それぞれだったりします。いったいこの違いって何でしょうか？　単に気が短いとか、そういうことでしょうか？


不満ポイントには、ひとつの〝傾向〟があると私は考えます。

ちなみに、以前の私は、よくコンビニなどのあらゆるお店で出会う「とても雑な扱い」

をする店員さんに対して、ただならぬ怒りを感じることが多かったです（といっても、たまーにですが）。

でも、みんながみんな、私のようにその店員さんの雑さに腹を立てていたわけではありません。雑な扱いに対して何とも思っていない人もいれば「え？ ちゃんと丁寧に対応してくれたよ」と感じる人もいるわけです。これは何が違うのでしょう？

実は、私たちは目の前の現象を通して、自分のなかにあるメモリー（刻み込まれた記憶）を再生しているのです。それは、思い出せる範囲の記憶というより〝感覚的〟な記憶です。その過去のメモリーに対しての反応を、今の自分が行っているのです。

雑な対応をする店員さんに出会うと、私はまず、「ほら！ また邪険《じゃけん》に扱われた！」「やっぱり大事に扱って貰えなかった！」と、感覚的に思うのです。

「ほら！」「また！」「やっぱり！」……何かを確認したときに使う言葉です。そう、結局ここでも〈思い込み〉を実証しようとしているのです。

目の前に起きている現象を「思い込みを実証できる状況である」という色眼鏡で観てしまうのです。

その思い込みは、過去のメモリーの中で作られた思い込み……つまり、目の前で展開されている現象に対して不快を感じているのではなく、**過去の出来事のなかで感じた「邪険に扱われた」「大事にされなかった」という不快感が、目の前の現象を通してプレイバックしている状態なのです。**

実は、私のこの「邪険に扱われる」「大事にされない」という不快感は、もともとは兄に対して持っていた不快感だということがわかっています。

幼少期、まだ私が幼稚園児くらいだった頃、兄に甘えてくっついてばかりだった私の存在を、4歳年上の兄はきっと鬱陶《うっとう》しく感じていたのでしょう。

頻繁に母が、「ちゃんと面倒を見なさい！」「遊んであげなさい！」と兄に怒っていた記憶がありますから、きっと兄は私のことを邪険に扱っていたのでしょう。それを感じた私は、「自分は邪険に扱われている」「大事にされていない」と受け取り、それを悲しく感じていました。そして、そんな〈思い込み〉を作ってしまったのだと思います。

その不快感こそ、慣れ親しんだ感覚になっているのです。だから、この慣れ親しんだ感覚を感じられるような〈思い込み〉を作って、日々のなかでそれを実証しようとします。

不快な感覚なはずなのに、慣れ親しんでいる感覚であるという〝安心感〟が欲しくて、その感覚を感じるための色眼鏡をかけてあらゆる現象を観てしまっている――だから、なんてことない現象に対して怒ったり、必要以上に悲しんだり、落ち込んだりしてしまうわけです。

何かに怒ってばかりいる人、不満や不快感ばかりの人は、きっとまだ処理しきれていない過去のメモリーのなかの〝未完了の不快感〟がたくさんあるのでしょう。

私たちは、思い込んでいるように世界を観てしまっています。

あらゆる現象を不快感なく捉えている状況というのは、結局、その人が色眼鏡をかけていない、ただ、ありのままを見ているだけなのです。

ですから、あの「何の引っかかりもないような人」は、たぶん色眼鏡をかけていない状態で物事を見ているのでしょう。

このいまわしい色眼鏡をなくすためには、やっぱり自分のなかのお掃除を進めていくしかないのです。

無意識に「悪者」を創ってしまっている

テレビやインターネットを観ていると、ニュースやワイドショーなどを通して、毎日毎日、目まぐるしいくらいさまざまな、膨大な量の情報が入ってきます。

情報を取り入れること自体は、より快適に生きていくために必要不可欠なことだと思います。けれども、ついつい私たちはその情報を通して、不要なエネルギーを使ってしまいがちです。

世の中のニュースなどの情報が報道されるのを観ていて感じるのは、〝善悪のジャッジ〟があるということ。

「ジャッジ（メント）」というのは、その物事に対して何かしらの判断や審判をすることです。つまり、たいていのニュース報道には、「その出来事（ニュース）に対して、「善いか悪いか」「誰が悪いのか」といった評価や審判、批判がついてくるということです。

とくに、ワイドショー的な情報番組ではこれが当たり前になっています。

まず、そのニュースや出来事の概略を伝えた後に、「専門家の意見は……」「街の人の声は……」が求められ、それが流れたり、コメンテーターが持論を展開したりします。

ネットニュースなどでも、ニュース自体を伝えるページには、ユーザーが自由に意見を述べることができるコメント欄があったりします。そこではもはや「一意見」ではなく、「善悪の判断」「評価や批判」「価値観の押し付け」が一方的になされているような気がします。

それほど、私たちは物事に対して「善か悪か」のレッテルを貼りたいらしく、そのための「ジャッジ」をすることが当然のようになっています。

とはいえ、私自身もニュースを見たら、なんらかの「意見」を抱きます。でも、それはジャッジではなく「感想」の範囲のつもりです。「こんなことがあったのか」とか「心配やなぁ」とか「この価格は高いなぁ」とかいうものです。

そこに自分の価値観が反映されることはあっても、善悪を判断することのないもの――これが「感想」です。

たとえば、天気予報を見ているときなんかは、比較的「ジャッジ」ではなく「感想」を抱くことが多く、「明日は雨か～」「台風が近づいてきているから用心しよう」というようなもの。

これが「ジャッジ」になると、「雨がいかに間違っているか」「台風が来るのはあいつのせいだ！」といったことになりますが、まぁ、こんな意見をいう人は稀です。

でも、その対象が「誰か」や「出来事」になると、「善か、悪か」「正しいか、間違っているか」「誰が悪いのか」というジャッジメントになりがちです。

そうなると、とてもしんどいことになります。そう、ジャッジしている状態って、しんどいのです。

なぜなら、そのニュースや事件に関して、「○○が悪い」「△△のせいで、こうなった」「□□を成敗すべき」という、〝何らかの悪者〟に批判や評価を下すということは、その悪者が、いかに悪いのかを証明することにエネルギーを使っている状態だからです。

そもそも、どうして〝何らかの悪者〟を創ってしまうのか？

それはひるがえすと、**「自分がいかに正しいか」を証明したい**からなのです。

自分の正しさを証明するためには、何が必要でしょう。「自分が正義だ」と言えるようになるためには、どんな状況が必要でしょうか。

そうなのです、「悪者」が必要なのです。「悪者」がいないと、自分が「正義」であることを証明できないからです。ヒーローは、成敗する悪者がいないと、ヒーローっぷりを発揮できません。

ウルトラマンは、怪獣がいなければ変身して戦うことはありませんし、仮面ライダーは、ショッカーがいることでヒーローとして活躍できるのです。

人は自分の正しさを証明したいとき、無意識に「悪者」を創ります。「悪者」を成敗して、自分の「正義」が証明できたとき、人は快感を得て、大きなエネルギーを獲得することができます。

「ほらね、私の言った通りでしょ?」「私って正しいでしょう?」

この「ほらね」の瞬間こそ、すごーく快感なのです。

前述の〈思い込み〉が実証されたときの「ほらね」もそうですが、心の底からハツラツとするくらい、大きな快感を得られるのです。

ヒーローもののドラマや時代劇などで、クライマックスの快進撃を展開する主人公に自分を投影して、「よっしゃー!」「こいつをコテンパンにしてやれー!」って言っている、あの感じです。

そのエネルギーが得られた快感が欲しくて「自分の正しさ」を証明することに、人は夢中になってしまいます。つまり、ジャッジメントの感覚は、中毒性を帯びるのです。だから、どんどんどんどん、「どこかに悪者はいないかー」と、あらゆるものをジャッジの目で見てしまいます。もはや、悪者を見つけ出しているのではなく、もともと、ありもしない悪者を〝創り出して〟いるのです。

そして、自分で創り出した悪者に対して、「相手がどれだけ間違っているか」、そして「自分がいかに正しいか」を証明することに多大なエネルギーを注いでしまうのです。それはまさに〈エネルギーの奪い合い〉の状態になっています。

このエネルギーの奪い合いによって得られたエネルギーは〝奪ったもの〟ですから、当然ながら自分のモノではありません。自分のものではないエネルギーは、簡単に誰かや何かによって奪われてしまいます。そして、またエネルギーを補充するために、自分がいかに正しいかを証明し続けるべく、どこかに悪者を創り出し続ける……。

何だか「負のスパイラル」に陥っている気がしませんか?

人はそれぞれ、自分のなかに正しさを持っています。一般的に、それを「価値観」とも言いますが、その「正しさ」や「価値観」のモノサシが違うから、人それぞれの「意見」

がぶつかり合うだけなのです。

ですから、誰が正しいでもない、何が間違っているでもない、のです。

相手の「価値観」を受け入れる必要はなく、ただ「相手と価値観が違うのだ」ということだけを受け入れればいいのです。

自分と異なる意見を持っている人を悪者にしなくても、自分はこの意見を持っていれば良い。そういう目ですべての物事を見ることができるようになると、自分の正しさを証明することにエネルギーを使わなくて済むわけですから、とっても楽になります。

第2章
つらさを力に変える方法

荷物の多い人ほど多くの人を癒すことができる

さて、本書は「身近な誰かを癒したい」という方や、「セラピストになりたい」という方のために書き下ろしました。それには、まず何からやり始めたらよいのか？　そもそも癒しって何なのか？　についての知識をできる限りわかりやすく説明していきます。

セラピストとして人を癒すためには、第1章でも述べたように、まず自分のなかのお掃除、つまり、自分が癒される必要があることを強調したいと思います。

まず〝癒される〟ということはどういうことでしょう？

インターネットの辞書で〝癒し〟の意味を調べると、『肉体の疲れ、精神の悩み、苦しみを何かに頼って解消したりやわらげたりすること』とあります。

つまり、疲れや悩みが解消されている状態のことです。

ちなみに〝癒し〟を英語で書くと一般的には <healing> ですが、その語源は <heal> という『癒す』『治す』『清める』『調停する』『解決する』という意味となります。

なんとなくの印象なのですけど、**〝癒し〟とは、好ましい状態になるためのものを「付け加える」のではなく、余計なものがなくなったり、絡まった糸がほどけたりするような、「削ぎ落とす」「元の本来の状態に戻す」**ような気がしませんか？

実は、〝健康〟という意味の<health>は、この<heal>に、状態を表す<th>をつけたものなのです。いってみれば、<heal＝癒す>な状態であることが<health＝健康>であることになるので、**余計なものが削ぎ落とされ、その人本来の状態に戻り、疲れや悩みが解消された状態こそが〝健康な状態〟**といえますね。

なので、より癒された人、より健康な人というのは、より〝余計なものが削ぎ落とされた状態〟ということです。

自分の病気を治す方法を知らずに病んだままの状態でいる医者の治療を受けたいとは思いませんよね。人に癒しをもたらすには、まずは自分が心身共に〝健康な状態〟になってからなのです。

癒しのための技術や知識も必要ですが、それよりも自分で自分を楽にしてあげられる人は、さほど知識がなくても、どういうわけか不思議とかかわる人が勝手に癒されたりすることがあるのです。

では、しんどさをずっと抱えている人、荷物をたくさん抱えている人は、人を癒すところまでなかなかいけないのではないか？　逆に、楽に人生を送っていて、荷物の少ない人こそ、セラピストとして最適なのではないか？

いえいえ、決してそんなことはないのです。


私がセラピストとして活動を始めた当初は、心理カウンセリングと、レイキヒーリングしかできませんでした。心理カウンセリングもレイキヒーリングも、ほとんど実践の練習を積む機会もなく、やり始めたという感じです。なので、「とんでもなく重い悩みを抱えている人が来たらどうしよう」「私に対処できないくらいの大きな問題を抱えている人が来たらお手上げかも」と、ビクビクしている状態でスタートしたのです。

けれども、そんな心配は取り越し苦労でした。これがまた不思議なことに、見事に私と悩みを共有できる人しか相談に来ないのです。

どこか、生い立ちや経験、たどってきた人生や価値観が似ていたり、まるで〝過去の自分〟ともいえるような、自分がかつて経験して乗り越えてきた悩みを今まさに抱えていたりするような、その悩みや痛みに私が共感できる人ばかりがやって来るのです。つまり、自分が持っている道具だけで対処できる人しか来ないのです。

これは私だけでなく、多くのセラピストや心理カウンセラーの方が同じことを言っているので、エネルギー的な法則があるとしか思えません。

たとえば、自分が子供との関わりのなかで悩み続けて、そしてそれを乗り越えたセラピストの元には、同じように子供のことで悩んでいる方が訪れるし、私のように職場環境に関して悩み続けるという経験をした人の元には、やっぱり「職場の人間関係がちょっと……」「労働環境が劣悪で……」とおっしゃる方が比較的多くお越しになります。

そのセラピストが持っているエネルギーによって、ホームページやブログから発する言葉の使い方が変わり、その言葉や表現、そして、目には見えない空気感に無意識的に共鳴する人が、やっぱりそのセラピストの元を訪れるということなのでしょう。

後述しますが、これこそ〝**周波数が合う**〟という状態です。

同じように、重い荷物を背負う経験をしたセラピストの空気感や周波数というのは、同じくらい重い何かを背負っている人がパッと見ただけでピン！　とくるものです。ですから、「この人であれば！」と感じるものがあるのでしょう。

だれでも、自分が「セラピストのセッションを受けよう」と思ったら、今の自分の苦悩を理解してくれそうな気がする人を探しますよね？

セラピスト自身にとって、しんどいことを経験したり、それを乗り超えたりしている分だけ、深いレベルで人を癒すことができます。どれだけ深い知識を持っているか、ということよりも、どんな経験をしてきたのか、の方が重要なことだと私は思うのです。

しんどい荷物を持つ経験をした人ほど、今、同じような思いをしている多くの人を楽にできる。だから、少しでも自分の荷物を降ろしておく……これこそがセラピストとしての第一歩です。

ですからこの章では、自分の荷物を把握する方法、荷物の降ろし方、しんどいときに楽になるための方法をお伝えします。

ところで、ひとつ明記しておきたいことがあります。

それは、「ネガティブはダメ！」「ポジティブになれ！」ということを言っているわけではない、ということです。

「思うように前に進めない」「不快な感情に振り回される」という感覚は、どんなに癒しが進んでいる人であっても感じることがあります。なぜなら、その葛藤こそ、自分が変化するタイミングが来ていること、ステージが上がりつつあることを教えてくれているからです。

それは、今までは自分にピッタリで着心地《きごこち》がよかったのに、自分の身体が大きくなり窮屈になってしまった服を着ているときの不快感のようなものです。

携帯電話やパソコンなどの電化製品が一気に壊れ出すことってないでしょうか？ 思い返してみてください。自分の心のなかに何らかの変化が起きているときにこそ、電化製品が不調になることが多いはずです。

これは、それまでの自分の無意識部分の周波数が変わり出したために、周辺の電子機器の周波数と合わなくなり、謎の不調現象が起きたり、物理的に壊れるようなことが起きたりしているのです。

ですから、私は周辺の電子機器が壊れると、現実的にはものすごーく困りつつも「この機器がついてこられないくらい、自分がバージョンアップしている兆し！」と思うようにしています（いや、ホンマはすごく困るのですけどね……）。

こんな感じで、自分の波動がバージョンアップすると、今までは心地よかったはずのモノ、コトに関して、違和感を感じたり、合わなくなったと感じたりするのです。

そこで「合わなくなった」と感じるから、私たちはそれを何とかしようとします。

あんなに仲が良かったのに「なんだか最近、気が合わなく感じる」「他の子と一緒にいた方が楽しい」と感じてしまう友人関係ってなかったですか？

そう感じることが、「自分のステージが一段高くなっていることに早く気づきなさい」「そこに上がるために、今まで抱えていた荷物を早く下ろしなさい」ということに気づくきっかけなのです。

つまり、しんどさを感じさせている、その出来事は、

「変容のためのプロセス」


でしかありません。しんどさから逃げずに向き合えば、必ず次の景色が観えてきます。

本やセミナーで何かを得ることが学びではなく、日常のなかで何かを感じたり、痛い目に遭ったりすることこそ学びなのです。

ただし、痛い目に遭わないと学んだり成長したりできない、というわけではありません。だから、ここでお伝えすることを、今は、「なるほどね」と頭でわかってもらえればいいのです。

それを日々、どんどん試して実感して、そしてどんどん成長して、あるとき、「自分の

力でちゃんと乗り越えられた」と思えた数だけ自信にしてください。そして、その分だけ多くの人を深く癒すことができるのです。

どうなりたいのかわからない
～行き先を明確にする～

私は週に2、3記事のブログを書いていまして、更新をするとそれなりのアクセス数があります。

たまーに「どんなキーワード検索をしてこのブログにたどり着いてくれているのかな？」と、検索ワードを調べることがあるのですが、いつも上位に挙るワードが、「**どうなりたいのかわからない**」というものです。

「うーん……私もあなたの目指すところはわかんないです」としかいいようのないようなワードです。それくらい、自分がどうなりたいのかがわからずに迷子になっている人が多いってことなのかもしれません。

自分が何を求めているのかがわからないまま生きているというのは、たとえばこんな感じです。


あなたはうどん屋さんに行ったとします。

そのうどん屋さんはメニューが多く、なかなか注文が決められらないので、店員さんに、「何でもいいから、何かいい感じの温かいものを持って来て下さい」と、こんなモヤッとしたオーダーをしてみたとします。すると店員さんは困りながら考えました。そして「何でもいいって言ったよね？　じゃあ、無難なところで……」と、きつねうどんを持って来ました。

それを見たあなたは、「うーん……なんか違うのよね。なんかこんなありきたりじゃなくて、もっとインパクトのある、コレ！　ってものがあるでしょ？　何でもいいからそれをください」と、再度モヤッとしたオーダーをしました。

そこで店員さんはさらに困りました。「インパクト？　うーん、ウチの店で意外と人気な、ちょっとインパクトのあるコレでどうだ！」と、カツカレーうどんを持って来ました。

それを見たあなたは、「いや、だから……こんな感じじゃなくって、うどん屋さんなんだからさ、もっとうどんの美味しさが感じられる、温かくて何かいい感じのもの、あるでしょ？」と、さらに意味不明なレベルのモヤッとしたオーダーをします。

もう店員さんは困り果てて、半ばヤケになり「じゃあ！　徹底的に熱い、このうどんでどうだ！」と、鍋焼きうどんを持って来てくれました。

それを見たあなたは、「だからさぁ！　こんなありきたりのものじゃなくって、わぁー！これすごーい！　って思わず言ってしまうような、なんかすごいもんがあるでしょ！」と、不可解な逆ギレをしてしまう……。と、こんな感じです。

モヤッとしたオーダーをしているわけですから、「なんか違うのよね〜」と言ってしまうものが来て当たり前です。

行き先や目的地がわからないときほど、心の中がモヤモヤすることはありません。山頂まであとどれくらいなのかがわからずに、ひたすら山を登り続ける登山のようなものです。

「自分が乗っている船は、どこの港に行き着くんだろう？　ちゃんと家に帰れるのか？」という不安もあるかもしれません。せめて、どっちの方角に舵を取ればいいのか、くらいは明確にしたいものです。

でも、もしかしたら、これはある程度、心の掃除が進んだ後に見えて来るものかもしれません。

心のなかの状態をプラス・マイナスで数値化すると、マイナス50のときは、最終地点ではどうなりたいのかが見えてこなくても無理はないのです。だって「まずはプラスの状態になる」というのが、とりあえず目指すところですから。

例えて言うなら、重度の風邪をひいて寝込んでいるときのことを思い描いて下さい。重度の風邪ですから、ものすごーくしんどいので、とにかく早く治すことだけに専念するでしょう。エネルギーを注ぐ方向性、つまり〝今やるべきこと〟が明確で、そのことだけに注力すればいいわけですから、ある意味、充実しているといえば充実している状態です。

けれども、風邪がほぼ治ってくると、ボチボチとエネルギーを持て余し始めます。「何かしたいけど、動けないし……暇！　暇！　何かしたーい！」という、エネルギーはあるから動きたいのだけど、動けない自分にイライラする感じです。

心の状態がプラスマイナス0に近づいたり、あるいはプラスに転じたりすると、漠然とでも「自分は何がしたい？　どんな自分になりたい？」ということを探し始めます。

その段階が、とっても重要なのです！

そこで、今の自分がどっちに向きたいのか、どんなことがしたいのかを明確にしてあげてください。最終ゴール地点を明確にするのではなく、とにかく3歩先を明確にしようとするだけでいいのです。一歩も進んでないのに、最終ゴールを探そうとしても見えるわけないのです。

3歩先の自分は何をしている自分でありたい？　というのがピンとこないのであれば、**「どんなことをしている自分であれば、一番心地がいいか」**と、自分に尋ねてみるのです。

どうなりたいのかわからないとおっしゃる方のなかで、比較的多いのが、「どんな仕事がしたいのか」「どんな環境に向いているのか」といった、〝具体的に何をしていくのか〟ということがわからないという方です。

具体的にどこでどんなことをしていて、それをどんな結果に繋げるか？　は、結局のところ最終ゴール地点です。それは漠然とでも目指す方向がわかってきて、実際に動き始めないと見えてきません。ですから、まずは「自分がどっち方面に向かっているときに心地よく感じるか」ということを自分に問いかけてみるのです。

たとえば私の場合、「自分の言葉で何かを表現する」「その場を仕切って取りまとめる」ということをしているときが、一番心地良いと感じています。その結果、前職時代も、前々職時代も、どんな仕事に就いても、どんな環境でも、人前で何か話をしたり文章を書いたり、ミーティングなどでは司会を進行したり……ということができるポジションを、その置かれた環境の中で担当していました。

ちなみに、この本が出る2016年は、うちの子供が通う中学校のPTAの会長をしています。やっぱり〝仕切ったり、取りまとめたり〟なのです。

どんな職業、どんな環境に身を置くようになりたいのか？　ではなく、その**時々の置かれている状況のなかで、「どんなことをしている自分であれば心地良いか？」**を常に追求できていれば、おのずと「とりあえず、今の時点ではどう動いたらいいのか」が見えてくるでしょう。

前に進めば進むほど、さらにその次にしたい具体的なことが見えてきます。そしてさらに新たに見えてきたことをやる……ということを繰り返していれば、その時々でゴールがどんどん変わってきます。

むしろ、**動いてみないと自分が目指すものは見えてこない**のです。

動く前に見えているものなんて、結局のところ思考だけで創られた理想論で、絵に描いた餅でしかありません。だから、今この時点で〝心が動くもの〟の方向に向かうしかないのです。

かくいう私も方向修正しまくりです。人の人生を、より安心しながら充実したものにしたい……と思ってファイナンシャルプランナー（お金に関するアドバイスのプロ）になったものの、「いや、お金に関することよりも、もっと人の心に寄り添ったことがしたい」と心が動き、心理カウンセラーになろうとしてたくさん勉強するために高額のお金と時間を使っておきながら、気がついたらヒーリングなどのエネルギーワーク中心のメニューを提供しています。

しかも「いっぱいヒーリングのセッションをして、たくさんの人を元気にするんだ！」と意気込んでいたにもかかわらず、今やヒーリングが必要な方へのセッションの数よりも、エネルギーワークができるプロを育成するセミナーの数の方が格段に多くなっています。

まぁ、もともと「自分の言葉で表現しているときが一番心地いい」「場を創って仕切っていたい」という人ですから、必然的にそっちに向かってしまうのです。

「どうなりたいのかわからない」のであれば、まずは今の自分が心地よく感じたり、何となく心が動く方向に向かって少しずつ行動してみることです。

心の状態をネガティブからポジティブに戻すテクニック①
～「ネガティブ＋〝でも〟＋ポジティブ」～

「前向きになりたいけど、どうしても後ろ向きになってしまうんです」

「どうやったらネガティブな思考をやめられますか？」

よく、こんなご質問をクライアントさんからいただきます。

ネガティブがダメというわけではありませんが、人とかかわる上ではポジティブな状態でいるほうが相手のためでもありますし、ポジティブな状態ですと「楽」です。

かくいう私も、常にポジティブなわけではなく、いとも簡単に〝ネガティブスイッチ〟が入って、「あー、もうやる気なくなった」という状態になることもあります。

たとえば、車を運転していて、急いでいるとき（自分に余裕がないとき）に限って立て続けに赤信号ばかりが続いてテンションが下がることもしばしばです。何か見えない存在に対して、軽い怒りすら覚えることもあります。

こんな感じで、スイッチひとつでネガティブモードになることはあるのに、逆に、スイッチひとつでポジティブに簡単に切り替えるのは至難のワザです。

第1章で、「同じ出来事であっても、その人の過去のメモリーによって受け止め方はそれぞれ」ということをご説明しました。だから、「前向きになろう」「ポジティブな思考をしよう」といくら思っていても、意思だけで簡単に変えることは難しいものです。

いったんネガティブ思考が始まってしまうと、どんどん思考が悪い方に展開されていきます。でも、それってしんどいから、無理にポジティブ思考になろうとします。その結果、こんな思考になってしまいます。

「現実を変えたい（↑ポジ）、**でも、**周りの人たちが邪魔をする（↑ネガ）」
「こうなりたい（↑ポジ）、**でも、**私には無理（↑ネガ）」
「うまくやりたい（↑ポジ）、**でも、**周りに妬まれるかも（↑ネガ）」

どれだけポジティブな思考をしても、それを〝**でも**〟だけで打ち消しているのです。

「**肯定型（ポジティブなこと）**＋〝**でも**〟＋**否定型（ネガティブなこと）**」

と、こんな感じです。

「でも」という言葉は、その前に発した言葉を否定するために用いられます。だから、「でも」という言葉を発すると、脳は自動的にその前に発した言葉を打ち消す言葉を探します。

ところが、「どちらかというとポジティブ」な人も、この〝でも〟を多用していることに気がついたのですが、その人たちは〝でも〟の使い方が真逆なのです。


「私はこんな性格だからできない、**でも、**変えていきたいんです」

「職場の環境が悪いんです、**でも、**わかってくれる人もいるんです」

「自信がない……、**でも、**やりたいんです」

というように、

「**ネガティブ＋〝でも〟＋ポジティブ**」


に変わっているのです。

ネガティブ思考をやめられない！　という方は、ネガティブなことを思ってしまった（口にしてしまった）あとに、無理矢理にでも、「でも……」と言ってみてください。

この、「その前に発した言葉を否定する」言葉である〝でも〟を口にすることによって、ポジティブな言葉で無理矢理にネガティブを上書きしてくれます。

潜在意識は、考えたことを勝手に行動に移してくれます。ポジティブなことを考えていなければ、ポジティブな行動を起こすことはできませんし、ネガティブなことを考えていれば、ネガティブな行動をとってしまいます。だからといって、ネガティブな思考をしない！　というのは、なかなか難しいものです。強いてネガティブ思考をしないようにするのではなく、その後に、ちゃんとポジティブで上書きすればいいのです。

心の状態をネガティブからポジティブに戻すテクニック②
～〝お気に入り〟の自分になる～

私は２０１１年の４月に独立開業しましたが、それまでは会社員（や公務員）としての経験しかなかったので、ほぼ開業と同時期にとある経営者塾に通うことにしました。

そこで教わった内容が、起業したての私の基盤を創ってくれました。

そこでは、マーケティング手法やビジネスの仕組み創りのことばかりでなく、その前にある「経営者マインド」を徹底的に叩き込んでもらったことが何より大きかったのです。

結局のところ、自己実現（自分の理想を成し遂げること）をするためには、マインド（心のこと）と手法のバランスが取れていないとうまくいかないということです。というより、手法の前に、まずはマインドの土台を創らないとうまくいかないのです。

その経営者塾で、まず最初にマインドの土台を創るために与えられた課題は、『**自分褒めワーク**』というものでした。これが、２つの意味で強力なワークだったのです。

ぶっちゃけて言ってしまうと、この課題をやれという指示が出たときは、「は？、そんなことでいいの？　というか、それに何の意味があるねん？」と、馬鹿にしていました。

なぜなら、ただ単に一カ月間、毎日自分がしたことのうち、３つの褒められることをノートに書く……というだけだったのですから。ただ、「一度書いたことは、もう二度と書けない」というルールがあります。

さて、やってみてどうだったというと……。これがなかなか難しいのです。

最初の頃は、結構余裕でいろいろ書けるのです。「車の運転をして、合流してくる車に道を譲ってあげられた」「ずっとやりたかったエアコンの掃除ができた」……など、「誰がどう見ても褒められることよね」というエピソードが見つけられます。

でも、大変なのはここからです。なぜなら「一度書いたことは、もう二度と書けない」わけですから、だんだんネタに詰まってきます。以前に書いたものと重複しないように、**無理やりでも〝褒められること〟を探し出さなきゃいけなくなり**、「安全運転で目的地まで行くことができた」「予定通りの時間に起きられた」というような、「誰がどう見ても当たり前のことよね」というエピソードになってしまいます。

そして、大事なのはここからなのです。

この頃に不思議なことが起こり始めるのです。

私たちの脳というのは「質問されたこと」に答えようとする性質があるのです。答えを探し出そうとして、勝手に〝視点〟が変わります。だから「自分を褒められることを1日に3つ挙げなきゃいけない」と思うと、「**何か褒められることないかな**」**と自分に質問し始める**ので、脳は勝手にその「答え」を見つけようとしながら日常生活を営むことになります。その結果、いつもならしないような、ちょっと「あれ？　私って結構褒められることやっているよね」と思えるような行動を取り始めるのです。

「運転をしているとき、急いでいたけど心に余裕を持って道を譲ってあげられた」とか、「駅のホームに落ちていたゴミを拾った」とか……。

いわば**「日常の何気ない行動のレベルが上がる」**のです。

すると、「こんなことができている私って、結構イケてるかも！」と感じられるようになるのです。

そして、それだけではなかったのです。

そのワークをやり始めて1か月経つ頃に、5名程度のグループでスカイプを使い、進捗報告や、各々が書いた「褒めポイント」についてシェアし合いました。私はこれが嫌で嫌で仕方がありませんでした。だって「他の人は立派に頑張っているんだろうけど、自分はたいしたことをしていない」という気持ちでいっぱいだったのです。

けれども実際に「褒めポイント」をシェアし合ってみてどうだったかというと……確かに他の人は「うん、それは褒められることよね」と思えることをされていました。ところが、ご本人は「いやいや、これはたいしたことではない」「当たり前のことでしょ」とおっしゃるのです。いや、どう聞いても「それ、私には無理やし！」という事ばかりなのですが。

逆に、私の「褒めポイント」を（僭越ながら）シェアしてみたら……意外なことに「それはなかなかできないですよ」「へぇ～！　すごいですね」と褒めてくれるのです。

いやいや、大袈裟に反応してくれているのじゃないの？　とも思いましたが、他の人のシェア内容を聞いたときに感じた「それ、すごいよ」という感覚を、もしかしたら他の人も私のシェア内容に感じてくれていたのかも……という自信が出てきたのです。

「自分としてはたいしたことない、当たり前と思っていたことだけど、別の視点から見ると結構イケてるかも！」

実際に毎日毎日、ノートに書き出して客観的視点で見てみると、意外にそう思えるものです。これには、私自身ものすごく驚き、感激しました。そして、どんどん自己肯定感（「私ってイケてるのでは!?」と自分のことを肯定する感覚）が増してきたのです。

「そんな簡単に自己肯定感が高まるわけないでしょ？」と思った方、騙されたと思って1か月やってみてください（もちろん1か月以上続けてＯＫ！　むしろお勧めです）。

ちなみに『自分褒めワーク』を1か月やったら、次の1か月は、『**他人褒めワーク**』をすることをお勧めします。

これは、自分の身近な誰かの言動を見て、毎日3つ褒められることを探してノートに書きます（『自分褒め』と同じで、一度書いたことはもう書けないというルールです）。

この『他人褒めワーク』は、職場関係者や家族など、日常的に接点があるひとりだけを対象にするのですが、できるだけ自分が〝苦手〟と感じている人が好ましいのです。

「えっー！　苦手な人の褒められるポイントなんて……」ときっと思われますよね。

でも、このワークの目的は「相手のことを好きになること」ではないので、嫌いな相手は嫌いなままでいいのです。「苦手と感じている人のことも褒められる自分になる」という目的もあるのですが、それよりも「どんな相手であれ、その言動の中に**〝この人のここはいいなぁ〟と思える点は、実は、自分のなかにその要素がある**」ということに気づくためなのです。

たとえば「この人、意外に細部まで掃除するんだな」と感じたのであれば、自分のなかに〝掃除は細部までしたい〟という意識があることになります。また「この人、電話のやり取りは丁寧よね」と感じたのであれば、自分のなかに〝電話のやり取りを丁寧にしたい〟

という意識があるということ。

「意識がある」ということは、〝それが自分にできる〟ということです。他人が細部まで掃除していることに気がつかない人は、「細部まで掃除しよう」という意識すらないから、ざっくりした掃除をしてしまう人なのです。他人の電話のやり取りの丁寧さに気がつかない人は、「電話では丁寧に話そう」という意識になれないわけですから、電話では横柄な話し方をしてしまうのです。

「自分のなかに褒められる要素がある」

そのことを、他人を見ることで気づくことができるのです。

心の状態をポジティブにするためには、自分を「お気に入り」と感じていないと難しいものです。そこで、自分を「お気に入り」と思うためには、自分の中の「褒められるポイント」を見つけてあげる必要があります。その視点で日々を過ごすことで、どんどん普段からポジティブな自分に変わってくるのです。

自分のことが好きになれない、どうしても自分を責めてしまう……そういう方は、ぜひ、この2つのワークをやってみてください。単純な方法ですが、意外に視界が変わります。

うまくいかないことで得ているメリットは?
〜その先にある〝恐れ〟とは?〜

「○○をしようと思うけど、できないんです」

こういうご相談をされる方が結構いらっしゃいます。

たとえば、セラピストとしてお金をいただいてセッションをしたいけど、どうしても二の足を踏んでしまうとか、ブログを書いて発信したいけど、その一歩が踏み出せないというような、「もう、ほとんど準備ができているし、やり方も知っているはずなのにできない」といったものです。

気持ちはよくわかります。私にもそういったものがたくさんあります。やりたいのに行動を起こせない場合、その理由は3つあると私は考えます。

まず、**〝実はそんなにやりたいことじゃないんじゃないの?〟**という理由。本当はやりたいことじゃないのに、**それをやりたがっている自分でいることのメリットがある**ということです。

たとえば、私は5年ほど前からずっと「ハワイに行きたい」と言い続けていますが、5年経った今もハワイに行ったことはありません。

行こうと思えば行けるのです。確かに海外ですから国内旅行よりもハードルは高いですが、うまく手配すれば国内旅行と変わらない費用で行けるかもしれません。

でも実際は、費用がどれくらいかかりそうとか、現地はどんな感じなのか、ホテルはどこがいいかなどを調べることすらしたことがありません。

「本当に行きたいのか？」と疑わずにはいられませんよね？　だって、本気だったらすぐに調べずにはいられないと思うのです。

つまり、私の「ハワイに行きたい」は本気じゃないということがいえます。でも、ずっとずっと私は「行きたい」と思っていました。……というより「〝**行きたい**〟**と思っている自分であろう**」**と思っていた**のです。

5年ほど前から、周囲の友人知人がこぞってハワイを訪れて、「やっぱりハワイのパワーはスゴイ！」とか「ヒーラーならハワイのエネルギーを感じておいた方がいい」という感想を聴いた私は、「そっか！　ヒーラーとしてはやっぱりハワイに行っておかないと！」と、

〝思考で〟行きたがるようになったのです。

確かに今でもハワイに行ってみたいです。でも、それはあくまで思考によるもの。だから、行動ができなくて当然なのです。

やりたいのに行動を起こせない場合の、2つ目の理由は**〝具体的なやり方を知らない〟**という場合です。

確かにやり方を知らなければ、行動の起こしようがありません。でも、先ほど述べたように、本気でやりたかったら「とにかく今の自分ができるレベルのことやりたい！」と思うでしょうから、そのやり方を知るための何かしらの行動を起こせると思うのです。

先ほどの「ハワイに行きたい」という願望があるのであれば、どうすれば行けるのかを調べるでしょうし、目標としている人の真似でも何でも、やり始めるでしょう。

心の底からやりたいと感じているし、それをやるための具体的な方法も知っているのに、それでも動けないとしたら……。もしかしたら、**〝うまく行動を起こせないことで得られるメリット〟**があるのではないかと考えられます。

「うまくいかないことで得られるメリットなんてあるわけない」と思われるかもしれませんが、一般的にいわれる〈メンタルブロック〉というのが、これに当たります。

ちなみに〈メンタルブロック〉とは、「自分には無理だ」というように、自分の行動を妨げる精神面の障害物のようなもので、その原因はトラウマ（過去からの心の深い傷）によってできることがほとんどです。

私は今回、この本を出版することができましたが、何の脈略もなくいきなり出版のチャンスが来たわけではなく、4年ほど前からずっと、本を出したいと願いながら出版社に働きかけたり、出版セミナーに参加したり、出版プロデューサーの方と繋がったりして、少なくとも2回は大きなチャンスがありました。

1回目のチャンスは3年ほど前のことでした。某大手の出版社で、自分から持ち込んだテーマで企画書が通りそうになり、とんとん拍子に話が進んでいたにも関わらず、自分から「やっぱりこのテーマでは書けそうにない」とお断りしたのです。

そして、1年ほど前の2回目のチャンスでも、あとは書くだけ！という段階だったのに、「何だかこの形式での出版じゃない気がする」という気がして、結局自分から立ち消えにしてしまいました……。

そんな状況の中、私は「頑張ってもなかなか出版できない！」と嘆いていましたが、実際には、今思い返すと、あんなに望んでいた出版のお話を2回とも〝自分から〟反故《ほご》にしてしまっていたのです。

「本当は本を出したくないのだろうか？」「出版をしたがっている自分でいることのメリットが欲しいだけなのでは？」。そんなことを自分に対して問いかけてみましたが、やっぱり「それでも本を書きたい！　出版したい！」という強い思いがあったのです。

でも、それと同時にどこかで〝怖い〟という気持ちもあることに気がついたのです。それは、「批判されるのではないか？」という恐れでした。

やっぱり中傷されるかもと思うと、過去に人から批判されたときの感覚がよみがえり、〝怖い〟という思いが大きくなるのです。

本を出版をするという以上、自分が表現するものが人目に触れる機会が大幅に増えるということになります。しかも、書籍という〝実体の伴ったもの〟として形になるのですからなおさらです。

私は、以前に批判されたときの痛みをもう二度と感じたくなくて、ごもっともな理由を付けて、〝無意識的に〟出版をみずから遠ざけていたのです。そして「うまくいかない！」

と嘆いていたのです。

そのことに気づいてからは開き直りました。「偉大な人ほど叩かれている」「批判されるということは、それだけ注目されて認められていること」と、自分に諭したのです。

そして、「人は思い込みを実証しようとする」わけですから、自分のなかにある「私は批判される」という信念を自分のなかで書き換えました（書き換えは私が教えているシータヒーリングのテクニックでできます）。

すると不思議なことに、突然、この本の出版をして下さっている知道出版さんからのお話をいただき、すべての事がスムーズに流れ出したのです。

うまくいかないことがあるとしたら、その裏に自分では気がついていない何かの〝メリット〟があるのかもしれません。また、うまくいってしまった先に、何か大きな〝恐れ〟があるのかもしれません。

私が、「批判されることを避ける」ために、やりたいと思っている出版を遠ざけることに無意識的なエネルギーを注いでいたように。

「充実した人＝忙しい人」という信念（思い込み）を持っているようであれば、忙しい状態を創るために、無意識的に要領の悪いことばかりしてしまって「あぁ、忙しい！　なんでこんなに時間がないのだろう！」といわざるを得ない状況を創っているかもしれません。また、私は典型的な「夏休みの宿題をギリギリまでやらない子供」でしたから、大人になってからも締め切りギリギリにならないとやる気が出ないタイプなのです。

そういう方、多いのじゃないでしょうか。その裏側には「ギリギリに集中して一気にやった後の爽快感を味わう〝メリット〟」があるのかもしれません。

先延ばしにするだけでなく、絶妙なタイミングで邪魔が入るように無意識的なエネルギーで仕組んでいるケースもあります。

たとえば、忙しいときに限ってトラブルに巻き込まれてばかりいるようなケースです。自分がそんな目にばかり遭っているようであれば、もしかしたらその裏に自分でも気がついていなかった〝メリット〟や、〝恐れ〟があるのかもしれません。まずは、自分のなかにあるその〝メリット〟に気づくことです。気がつけば、「じゃあ、別の手段でこのメリットを得られないか？」「恐れていることを回避できる方法は？」と意識的に行動を起こすことができます。

ただ一つ注意しておきたいのは、「**何でもかんでも、メンタルブロックのせいにしない！**」ということ。やるべき努力をしなかったり、ブロックのせいで何も行動を起こそうとしなかったら、現実が思うようにならないのは当たり前です。

もし「ブロックのせいにしているかも？」と感じたのであれば、もしかしたらそれは本当にやりたいことではないのかもしれません。

執着を手放す方法①
～〝根本の執着〟ってなに？～

「こんな自分の○○の部分を手放したいのですけど、どうすれば手放せますか？」

と、個人セッションやセミナーなどで、よくこんなことを尋ねられます。

〝手放す〟というのは、何かに執着してしまっている状態から脱却することです。

この執着は、あらゆるエネルギーの流れを完全に止めてしまいますから、手放すとあらゆるものの流れが嘘のように一気に変わり出します。なので、手放すに越したことはないのですが、これがなかなか難しかったりするのです。

〝手放せない〟と思っている状態というのは、こんな状態です。

たとえば、自分のなかに誰かに対する怒りの感情があるとします。自分は長い間、その怒りを抱いてきたけど、怒りは何も生み出さないことはよくわかっているので、自分としてもいい加減そろそろその怒りを手放したい……。だけど、どうしても怒りを抱かずにはいられない。

または、想いを寄せていた人が離れてしまい、なかなか断ち切れない未練や執着がある場合、何をしても、何を見てもその相手のことを想い出してしまう……。こんな執着は、もう手放して楽になりたい！　でも、どうしても断ち切れない！

こういった場合には、恐らく自分の中に、〝怒り〟や〝未練〟ではない、**別の「未完了の感情」**があるのです。

怒りは何らかの感情（主に悲しみ）の二次感情といわれています。「深い悲しみ」や「喪失感」「強い不安」などの、本当の感情（一次感情）を隠すために、別の感情である「怒り」

を持ってくるのです。いや、隠すというよりも、自分を奮い立たせるためかもしれません。

私の友人であるF君は、5年ほど前にお母さまを亡くされました。

亡くなる直前まで、とてもお元気だったそうです。命の危険がない成功率の高い大腸の手術が予定通り成功し、いつも通り元気なお母さんに戻り、さぁ、まもなく退院できるという段階で容体が急変して脳死状態に陥ったそうです。

その段階でF君は私に電話をかけてきてくれたのですけど、憔悴《しょうすい》しきった声で、「大丈夫です……。いや、全然大丈夫じゃないです、僕、どうしましょう……」と、動揺を隠せず混乱したことを言っていたのが忘れられません。

残念ながら、その夜にお母さんは急逝されたのですが、その翌日にF君が真っ先にしたことは、なんと「弁護団を作る」ということでした。

成功率の高い大腸の手術後に回復し、どうして容体急変して脳死状態になるのか？　そのことに強い疑問を感じて「これは医療ミスだ！」と訴訟を起こしたのです。それも、お母さんが亡くなった翌日に彼は動き出したのです。

あまりにも深く強い感情を受け入れるためには、準備が必要なのです。

親が亡くなるなんて、たとえ心の準備期間があったとしても相当のダメージを受けて当然のことなのに、もし何の準備期間もなく受け入れなければならないとしたら……。

お母さんの死を真正面から受け入れる準備ができていなかったF君は、あまりの深い喪失感に動けなくなってしまっていたのです。そうなると、彼自身が生きていくことができなくなる。だから彼は〝怒る〟という感情に身を任せました。それも強烈に。そして、医療訴訟を起こして〝闘う〟という行動に出たのです。闘うためには、膨大なエネルギーが必要です。そのエネルギーを捻出するために、彼は自分自身を奮い立たせたのです。

あまりにも深く強い一次感情（悲しみや喪失感、不安）をまともに感じていたら、とても立ち上がれなくなるから、人は〝怒り〟という強烈なエネルギーで、自分自身を奮い立たせてくれる感情を持ってくるのです。

〝怒り〟は何より強い原動力です。どんなに身体が疲れていても、そこで激怒する出来事が起こったら「今からすぐに怒鳴り込みに行ってやる！」と動けてしまいます。

未練や執着も同じです。相手が離れて行ったという事実よりも、「自分の気持ちが届かなかった」「気持ちを裏切られた」という、〝深い喪失感〟が自分のなかにあり、それを埋めるように執着や未練という感情を持ってくるのです。手放せない執着の感情の裏には、自分が向き合いたくない**〝本当の感情〟や〝守っている何か〟**があるのです。それは、未完了の深い悲しみだったり、激しい喪失感だったり、プライドだったり……。

私たちは、その〝本当の感情〟〝守りたい何か〟があることを隠すように持ってきてしまった〝別の感情〟（怒りや執着などの二次感情）を一生懸命手放そうとするのです。

でも、手放せるわけがありません。なぜなら、その〝別の感情〟の元になっている未完了の感情の存在があることを認めていない（気づいていない）からです。

あるいは、認めてしまうとあまりにも痛すぎて動けなくなるから〝別の感情〟を持ってきて、向き合いたくない〝本当の感情〟〝守りたい何か〟などなかったことにしようとしているのです。

手放したい執着や感情がある場合は、まずはその元になっている、見たくない〝未完了の本当の感情〟〝守りたい何か〟が「ある」ということを、自分自身が認めてみる必要があります。

〝手放す〟という言葉は、「手」から「放す」わけです。放すためには、まずその手に握る（認識する）ことをしなければ放すことができません。ないもの（認識していないもの）

は手放せないわけですから「ある」ということを、まずは認めるのです。

かつて私は「お金（数字）関係、金融関係の仕事をすること」に執着していました。だから、金融機関を辞めても、ファイナンシャルプランナーとして転職したり、その他金融系の資格を取ることにこだわっていました。

でも実際は、お金に関して本当は興味もなかったのです。なのに、ずっとお金関係の仕事をすることに執着していました。

では、なんで好きでもないお金の世界に執着していたかというと、これは子供の頃からの〝未完了の感情〟〝守りたいもの〟があったからなのです。

私の兄は、常に学校で1番長距離走の速い人でした。校内マラソンでは、彼が小学校3～4年生くらいの時点で、6年生を差し置いて学校で1番になってしまうような人です。自慢の兄でありながら、いつも比較されていた（と感じていた）ので、私は悔しさと無価値感でいっぱいでした。

そんな私が、唯一兄より勝っていたものが、絵を描くこと、そして珠算でした。兄も私も、幼少期から珠算を習っていましたが、兄よりも上級を取得するところまで（半ば意地で）続けたのです。もともと超文系の頭なのに、珠算のおかげで掛け算の九九はクラスで一番に覚えることができたという〝プライド〟もあり、数字やお金の計算に関しては抵抗もなく、むしろ得意意識を持っていました。

学校中で認められている兄に敵わなかった「悔しさ」「無価値感」を満たして完了させるため、そして、唯一の守りたい「プライド」を保つために、「そうだ！　私には数字がある。お金の世界で生きていけばいい！」と、そこで決めてしまったのです。そんな〝数字の世界〟だから、そこに対する執着はなかなか手放せずにいました。

お金関係、金融関係の仕事への執着は表面的な執着であって、それらへの執着を手放せなかったのは、過去からの「悔しさ」「無価値感」「プライド」という〝根本の執着〟があるということに気がついていなかったからなのです。

その〝根本の執着〟に気づくと、あんなに執着していて手放すのが怖かったのに、フッと手放すことができて、金融の仕事から完全に離れることができました。そして今は、180度違うことをしています。手放してみると、どんどん次の流れがやってきて、あっという間に今までと全然違う島にたどり着くことができました。

執着は、あらゆるエネルギーの流れを完全に止めてしまいます。執着を手放すと、あら

ゆるものの流れが嘘のように一気に変わり出します。

これはまさに私が実体験で感じたことです。

人間は、何かを十分に感じ尽くしたら、その感覚に飽きてしまう生き物で、飽きたら、今度はもっと刺激的な感覚を求めます。逆にいえば、十分に感じ切らずに不完全燃焼だから、いつまでたっても未完了のままなのです。

まずは〝本当の感情〟〝守りたい何か〟があるということを認識して、それを感じ切ってみてください。

執着を手放す方法②
～恐れは〝あきらめる〟～

月に一回ペースで身体のメンテナンスをしてくれているS永先生のカイロの施術は、いつも何かと教えられることばかりです。

施術中、これから身体に衝撃が走る（痛い）、技をかけるようなことをするぞ！　というときに、私の全身の力を抜くために「はい、リラックスして〜」とおっしゃるのですけど、これを言われたということは、〝あぁ！　アレをするのか！　あの技がくるぞ！〟と、逆に構えてしまって全身に力が入るので、とてもリラックスできません。……ということをS永先生に言ってみたのです。すると、先生は、「はい、あきらめてリラックスして〜」とおっしゃるわけです。これには脱力せざるを得ませんでした。

あきらめると、「もう守らなくてもいい」と思えるから、力が抜けるのです。

さて、執着の話の続きです。

手放せないでいる執着の〝根本となっている感情〟が、〝恐れ〟である場合のこともお伝えしておきます。

実は私、少し前まで、「で、〝手放す〟ってナニ？　どうしたらそれができるの？」と、言葉の意味と、その方法がよくわかりませんでしたが、先ほどのS永先生の「あきらめて〜」の言葉を聴いた瞬間、「**手放す**」**ことって、**「**あきらめる**」**ということ**なのか！　と気づいたのです。

「執着というのは、元になっている未完了の感情がある」「または、何か守ろうとしているものがある状態」ということを述べましたが、それを守ろうとすることを〝あきらめる〟ことで、力が抜けるわけです。力が抜けから、「手」から「放せる」。逆にいうと、〝手放せない〟という状態って、どう頑張っても**自分の力ではどうしようもないことなのに頑張り続けている**……。そんな状態のことなのです。

あきらめて、受け入れた瞬間が、いわゆる〝執着が手放せた〟という状態。実は、こうやって「あきらめる」ことができると、そこから新しい視点を持つことができるようになるのです。

たとえば、私はセミナーで話すという講師業をしていますが、講師としてのスキルを上げる練習方法は、自分が話している姿を録画して観て検証する、という方法を主に用います。そして私が講師志望の方々にトレーニングをさせていただく場合にも同様に、「自分が喋っているところを録画して、映像として観るように」と指導しています。それが一番上達への早道だからです。

でも、自分が話すところを録画するって、ものすごーく抵抗がありませんか。自分の動く姿、声、表情、自分がまとっている雰囲気などを観るのも聞くのも味わうのも、すごくイヤなものです。ですから、たいていの方が「観たくない！」と、拒絶感を抱かれますし、実は、私もいまだにあまり得意なわけではありません。

なぜ嫌なのか？　それは〝自分のマイナスの部分を観なきゃいけないから〟です。

鏡で自分の姿を見るときや写真を撮るとき、私たちは無意識に、「これなら観せてもいい」「あとで自分が目の当たりにしてもいい」と、許可を出せる表情や動きを作ります。そして、〝それこそが自分〟だと思っています。いや、そう思いたいのです。

でも、動画では簡単に誤魔化せません。ですから、自分が喋っている映像を観ると、理想とする自分とは違う、ネガティブなところばかりが目につきます。

「表情が硬い」「口をちゃんと開けていない」「落ち着きがなく早口過ぎ」「ジェスチャーが意味不明」――信じたくないかもしれませんが、それ全部、自分自身なのです。

「いや、緊張していたから！」「本当だったら、ちゃんとできるのに……」と、言い訳したくなる気持ちはよーくわかりますが、まぎれもなく自分自身そのものなのです。

そこで、「素直にあきらめちゃってください」「目に見えている自分が、そのままの自分だという事を認めちゃってください」と、トレーニングのなかでも私は言っています。

あきらめない限り、今の自分を受け入れる（認める）ことができないからです。そして、あきらめて、受け入れた瞬間から面白いことが起き始めるのです。

「あ……でも、姿勢は結構イケてるかも」「声のトーンはいい感じかも……」と、なんと**急にポジティブな部分に気がつきはじめる**のです。もう、どうにもならない部分は**あきらめてしまっているので、そこに視点が行かなくなる**のです（結果的に、諦めが早い人ほど、劇的にうまくなっています）。

ポジティブに物事を考えられない人は、無理にポジティブシンキングをしようと頑張ると、「結局、自分はポジティブに物事を考えられないんだ」と、自分を責めるようになってしまいます。

ネガティブに陥ったときは、まずはその状況、現実に起きていることを「あきらめて」みると、自然に、勝手に、ポジティブに切り替わり始めるのです。

あきらめて執着を手放すと、一気に視界が変わって、世界が変わったかのように感じるかもしれません。

第3章
エネルギーを自在に扱う

エネルギー不足だとどうなる?

さて、ここまではセラピストとしての土台である「心の状態(マインド)」について解説してきましたが、このような目に見えない世界のことをお伝えするにあたって無視することができないのが、「現象が動く力(エネルギー)」のことです。

前章まででも、物理的なことだけでは説明のつかないような現象が引き起こされるという話をいくつか挙げてきました。

たとえば、思い込みによって車のエラーランプが点いたとか、過去の自分と同じ問題を抱えているような人が引き寄せられて来てくれるなどです。直接、そこに働きかけているわけじゃないのに「えー! 本当?」といいたくなるような現象が起きることがあります。

どうやら心が変わるとエネルギーが変わるようなのです。いや、エネルギーが変わるから心が変わるのか……。どちらが先かはよくわかりませんが、とにかく**「心の状態(マインド)」と、「現象が動く力(エネルギー)」は連動しているよう**です。

人は、エネルギーが高い（満ち溢《あふ》れている）状態であればいっぱい動けますし、多くの物事を動かすことができます。逆に、心がアンバランスな状態が続くとエネルギーはどんどん低くなり、動けなくなってくるし、物事を動かすことができなくなるので、いろいろなことがうまくいかなくなります。

だから、エネルギー不足を感じたときには、何とかしてエネルギーを得ようとします。好きなものを食べたり、リフレッシュして気分転換したりして心を元気にして、エネルギーを得ようとするのですが、そのエネルギーを得る手っ取り早い手段として、

〈エネルギーの奪い合い〉

をしてしまうことがあります。しかも無意識的にやってしまっているのです。

どういうことかというと、他人を攻撃することで、相手からエネルギーを奪い取ろうとしている状態なのです。

誰かに対して攻撃的に接したり、横暴な言動を取ったりすることで、相手にダメージを与えて弱らせます。その瞬間、相手より自分の方が優位な立場にいると錯覚するのですが、その「優越感」こそ、エネルギーを得ている状況なのです。

〝いじめ〟や〝嫌がらせ〟は、この〈エネルギーの奪い合い〉の最たるものです。

何かに対して、自論を展開して批判しているときって、どこかエネルギッシュな感じになっていませんか？　それは相手からエネルギーを奪っている状態なのです。

インターネットを観ると、自分が直接被害を被ったわけでもないのに、有名人を嬉々として批判したり、その批判に対して批判をしたりする記事が氾濫しています。自分とは関係ない場合であっても、どうして意気揚々と批判的な主張を公にするのでしょう。

それは、批判によってエネルギーを奪えるという一瞬の快感があるからなのです。そして、**エネルギー不足の多くの人がやっていること**です。

内容が何であれ、自分が誰かに対して、何か主張したり、声高々に批判したり、大きな声で威嚇したり、嫌みを言ったり、クレームをつけたりした直後って、どこかスッキリ感、高揚感がないでしょうか（その後に罪悪感を抱くかもしれませんが）。

私は時々、自分の子供に対して、ついつい「いい加減にしなさい！」と、怒鳴ってしまうことがあります。そのあとで「あぁ、怒鳴らなきゃよかった……」と後悔するのですが、それでも怒鳴った直後だけは、ちょっとスッキリとしているのです。相手（子供）に怒りをぶつけて、子供よりも自分が優位に立っていると感じることでエネルギーを得ているのです（残念ながら）。まさに〝八つ当たり〟ですね。

たとえば、ジャイアンが何の非もないのび太を「むしゃくしゃするー！」という理由だけでいじめるのは、まさに好例です（いじめた後は、いつも「あ〜、スッキリした」という様子ですし）。

それでは、攻撃されたり、いじめられたりしてエネルギーを奪われたほうは……というと、やっぱりエネルギー不足なわけですから、どこかからエネルギーを奪おうとして、何か（誰か）に対して攻撃をしてしまいます。

ジャイアンにいじめられたのび太は、家に帰って「ドラえも〜ん！　何とかしてよ！」と〝お願い〟ではなく、まるでドラえもんを〝責める〟かのように泣きつくことで、ドラえもんからエネルギーをせがんでいるようです。

のび太をいじめるジャイアンも、家ではお母ちゃんに「タケシ！」とよく怒られています。お母ちゃんに奪われたエネルギーをのび太から奪っているのかもしれません。

さて、私は決して「怒っちゃいけない」ということをいいたいわけではないのです。怒りを我慢してはいけないのではなく、不要な批判などの攻撃、必要以上のクレーム、八つ当たりなどは、エネルギーの奪い合いなので、負の循環を生み出すということをみなさんに確認してもらいたいのです。

八つ当たりされた人は、同じことを他の誰かにしてエネルギーを奪い、そして奪われた人は、さらに誰かを攻撃して、批判して、批判されて……という目には見えないけれども負の循環が起こってしまっている、そして、それを誰かが断ち切らなきゃいけないということなのです。

仮に、その負の循環のなか、「自分で自分のエネルギー補給ができる」という人がいたらどうでしょうか。誰かがその人のエネルギーを奪う（つまり攻撃される）ことがあっても、その人は他の誰かから奪い返さなくても平気なのです。

むしろ「えぇ、このエネルギーでお役に立つなら、どうぞどうぞ！」と提供することもできるかもしれません。それは、もし批判されても「何ですって！」と怒り返して、奪われたエネルギーを奪い返そうとするのではなく、あっさり流してしまえる人――つまり〝余裕のある状態〟こそ、自分で自分のエネルギー補給のできている状態なのです。余裕があれば、攻撃されていることにすら気がつかないかもしれません。

のび太から責められるように「何とかしてよ！」と言われたドラえもんは、「しょうがないなぁ……」といって助けてくれます。きっと、余裕があるからのび太に奪われても平気なのでしょう。

エネルギーに余裕があれば、人が自分を批判していても何とも思わなかったり、批判を批判として受け止めずにいることもできます。そうすればエネルギー不足を感じないわけですから、誰かからエネルギーを奪わずに済むのです。

エネルギーの奪い合いをしなくて済むようになるために、誰か一人が常に自分でエネルギーを満タンにできる、余裕のある状態を保っていられる人がいるといいのです。

この章では、自分で自分のエネルギー補給をする方法、そして波動を高める方法をお伝えします。

エネルギーを高める方法

どういうときに、人はエネルギーの高い状態になるかというと、まず、好きなことをしているときは確実にそうなっています。

一時的にその瞬間のエネルギーを高めたければ、その時々で、心地よいと感じられることをすればよいのです。食べたいものを食べたり、話したいことを話したり、行きたいところに行ったり……。そういうことを誰かに遠慮なくやっている人を見ると、エネルギッシュだなぁと感じます。

私は登山が好きなので、山に登ったときの記事をブログにアップすることがたまにあります。すると、登山の記事自体はそんなに記事数がないはずなのに、「登山をしている様子をブログで見て、どんな人なのか会いたくなってセミナー受講を決めました」と、福岡からわざわざ滋賀までお越し下さったという方もいらっしゃいます。きっとその記事のエネルギーが高かったのかもしれません。

つまり、自分の欲求に素直な状態でいると、必然的にエネルギーが高くなるのです。

ほかには、その時々の自分の感情を素直に感じて、認めて、表明している人は、傍《そば》から見ていてもエネルギッシュですし、自分も感情を表現しているときなどはイキイキしているような気がします。けれどもそれは、あくまでその場限りの手段で、そのエネルギーの高い状態が長く続かないことも多々あります。

常に高いエネルギー状態を保つために、いつも欲求や感情に素直に従える自分でいるには、まずは何をしたらいいのでしょう?

これは、前章で述べてきたことと同じ話になってしまうのですけれど、やっぱり「自分のなかのお掃除」が必須なのです。

ここで、みなさんの想像力を働かせてもらいます。

みなさん、一人ひとりの身体にはエネルギーのパイプというのが存在しています。そして、そのパイプには宇宙からの〝宇宙エネルギー〟が、誰にも平等に降り注がれています。

この〝宇宙エネルギー〟というものは、あらゆる物事が最善の方向へうまく運ぶように調整してくれる万能のエネルギーです。次頁の図2のように、〝宇宙エネルギー〟を100パーセント受け取れている状態であるとき、みなさんはとても運もよく、必要とするご縁にも恵まれ、何をやってもうまくいくような、心地良いゴキゲンな状態になります。

まさにこれこそが、私たちの本来の状態なのです。

けれども、パイプにヘドロのような汚れが付着していたら（図3参照）どうでしょう。

当然ですが、汚れが障害物となるわけですから通りが悪くなり、受け取れるべき〝宇宙エネルギー〟が少なくなります。つまり、エネルギーが少ない（低い）状態です。

運気も滞るような不調な状態が続き、「なんでこんな目に遭うの？」というような出来事ばかり起こり始めます。

このパイプの汚れというのは、潜在意識（無意識）のなかにある荷物である、過去からのトラウマや不要な思い込み（信念）、そして日々のストレスやネガティブな感覚や感情

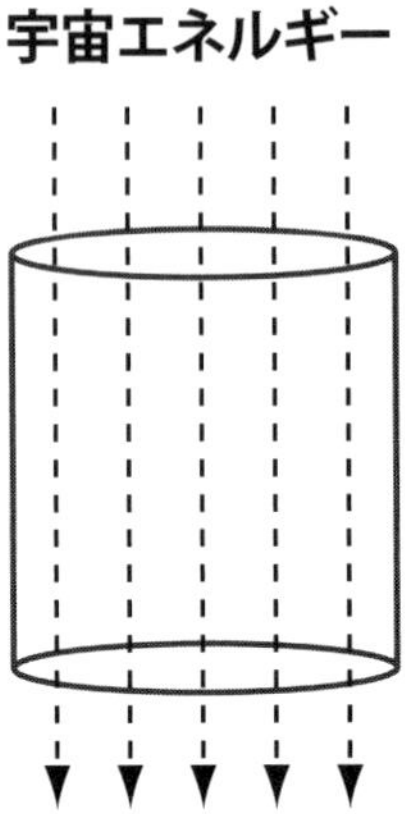

図2

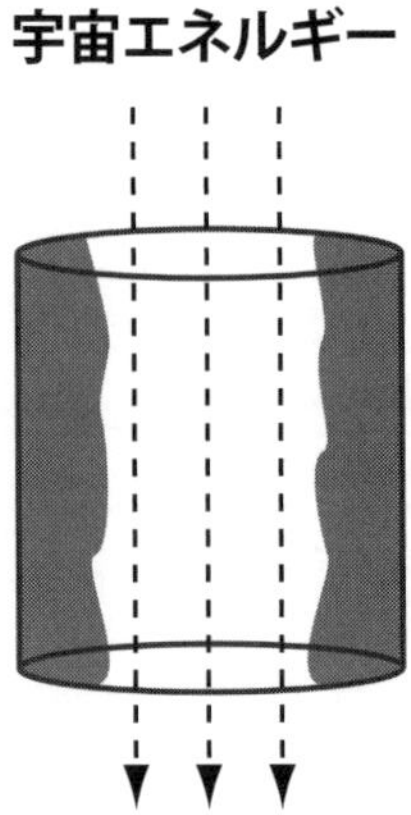

図3

……つまり、自分の中の「モヤモヤっとした違和感」のようなもののことです。

なので、運気を良くしてエネルギーの高い状態を続けようと思うと、常に自分のなかのパイプの掃除、つまり潜在意識のなかの不要な荷物（思い込みやネガティブな感情）をひとつずつ手放して、クリアな状態にする必要があるのです。

全章まででしつこいくらいにいっていたのは、こういうことだったのです。

その潜在意識の荷物を掃除するには、さまざまな方法があります。プロのセラピストによるセラピーを受けるのも良いでしょうし、日常の中で「これは要らない信念だ」と気づいたらその場で自分に諭《さと》してあげて、意識的に手放して解放していく、という方法でも十分に軽くなります。


ちょっと堅苦しく聞こえるかもしれませんが、「**徳を積む**」ことも有効です。

「徳を積む」ことを心がけて実践していくと、運気もエネルギーも確実に上がります。

この「徳を積む」というのは、一言でいえば「情けは人のためならず」ということ。もっと平たくいえば、「人のためになることをする」わけですが、何でもかんでもやってあげたらいい、というわけではなく、自分が犠牲心を感じることなくできることをするのです。

または、多少の犠牲心を感じたとしても、その分、**相手の喜びが大きいために自分の犠牲心をさほど大きく感じないこと**であればOKです。

「えー？　そんな自分のエネルギーを高めるためにやるなんて、見返りを期待するようであさましい！」とおっしゃるかもしれません。確かにその通りです。

理由はどうあれ「**人のためになることをやっている**」「**人の役に立っている自分**」という**意識でいること自体がエネルギーを高めることに繋がる**ので、自分に返ってくることを期待しながらの徳積みでもいいのです。

ただ、その行為を行った相手から直接返ってくることを期待しないこと。

実際は、相手から返ってくるのではなく、目には見えないエネルギーが巡り巡って、そして自分のところに返ってくるのです。その相手からの見返りを期待してしまうと、単なるエゴ（自我による利己的な意識）になってしまいます。

また、この章の最初に述べたように、人に対して攻撃（批判）をすると、エネルギーの奪い合いとなります。誰かから奪ったエネルギーは、やはり誰かに奪われます。

とはいえ、ついつい無意識に批判的になってしまったり、感情に任せて誰かを攻撃してしまったりすることもあるかと思います（私もときどきやってしまいます）。

それでもきちんと対処すれば大丈夫です。自分が攻撃の態勢になってしまっている！批判をしている！ということに気がついたら、その時点でそれをやめること。気づいたらすぐに対処しようという姿勢でいることで、常に高いエネルギーでいることも可能です。

そして、エネルギーの高さが、「波動」というものの大きさに関係してくるのです。

波動ってなに？
～引き寄せの原理・波動の法則～

「エネルギー」というものと同じように使われる用語として、「波動」というものがあります。

この「波動」によって、物事や人が引き寄せられてくる「引き寄せの法則」というものをどこかで耳にしたことがあるかもしれません。

このように、スピリチュアルな世界では「波動」という言葉をよく使いますが、「じゃあ、波動ってなに？」と尋ねられたらうまく説明できないな、という方がほとんどだと思います。

実は、私もそんな感じだったのです。でも、「ちゃんと知りたい」「説明できるようになりたい」と思って、いろいろと調べ始めました。そして、行きついたところは〝量子力学〟、つまり科学の分野でした。

なつかしの物理の授業を思い出しながら読み進めてください。

「引き寄せ」というのは、科学的な次元で起きている、ということがいえるのです。

「引き寄せ」という現象とは、そのことを考えていたり、そのモノを〝意識〟していたりしたら、それが偶然のような形で自分の元にやってくるというものです。

たとえば、必要なご縁や、欲しかったモノなどが、思わぬ手段で自分の身にやって来てくれた、という経験ってないですか？

それを「引き寄せ」と称して意図的に起こそうとするものです。

そもそも、〝モノ（物質）〟には「波動」があります。〝意識〟は物質でないのですが、「波動」に影響を与えることがわかっています。そして、その〝意識〟が影響した「波動」によって、「引き寄せ」という現象が起きるのだといわれているのです。

物質の最小単位は何でしょう。ざっくり言うと、すべての物質は「原子」というものでできています。その原子には「原子核」というものがあって、その核の周りを「電子」というものがクルクルと回っています。次頁の図4のようなものを理科の教科書で見た気がしませんか？

さらに、原子を構成しているものは原子核と電子だけでなく、中陽子やクォーク（素粒子）などがあるのですが、それは今は置いておいて、とにかく、「物質は『原子』でできていて、原子の中には『原子核』があり、その周りを『電子』がクルクルと回っている」ということだけを何となく頭で理解して下さい。

そこで、この「電子」は、実は、**波を描きながら動いているのです。**そう！　この「**波**の「**動き**」**のことを**「**波動**」というのです（実際には、すべての粒子が波の性質を持っていますが、ここでは割愛）。

この電子の「**波の動き方が違う**＝『**波動が違う**』」ということなのですね。

人も〝モノ（物質）〟ですから、原子でできており、そのなかで電子がクルクルと波を描きながら動いています。

人の場合、**思考によって電子の動き方が変わってきます**。人はそれぞれ、異なった思考をしていますから、それぞれを構成している原子の中の電子の動きが違うということになり、波動もまた人それぞれの性質を持っているということになるのです。

つまり、まったく考え方の違う人同士は、まったく違う波動であるということ。そういう状態を、私たちは「あの人とは波動が違うよね」というように表現しています。

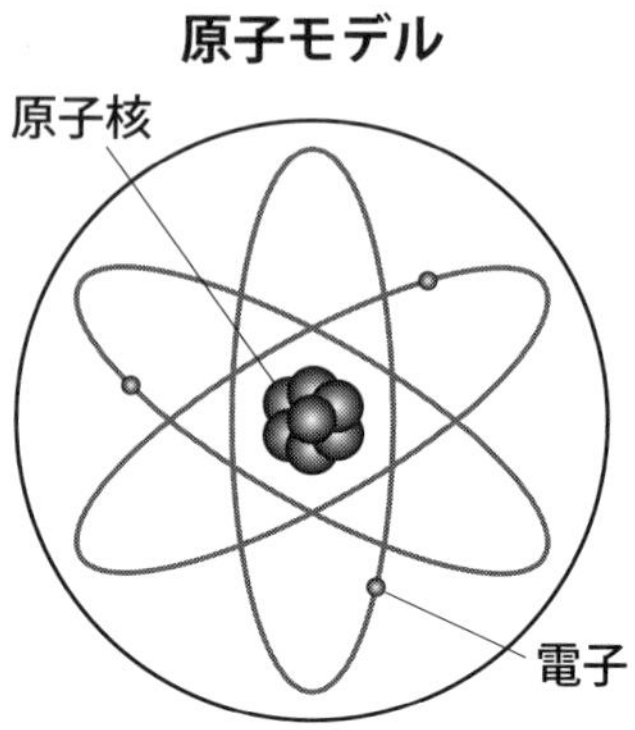

図4

この波の動き方（つまり波動）をグラフ化すると、こんな感じです（次頁の図5参照）。波動のことを「周波数」と表現することもあります。一般的には、ラジオなんかで用いられている「○Hz（ヘルツ）」ってヤツです。

これは「一秒間に繰り返される波の振動数」を表したもので、一般的に「波動が高い」とか「低い」とかいうのは、その振動数を数値化した周波数に基づいて表現しているのです。

ちなみに、この振動数が多い（バイブレーションが細かい）方が「波動が高い」といわれているのですけど、

「周波数の数値が一致するもの同士は引き合う」

という、波動の性質があります。

つまり、これが「引き寄せの法則」といわれるものなのです。

さらにわかりやすいように、かなりシンプルなたとえ話をさせてください（これはあくまで例え話なのでかなりの極論ですが、イメージだけしてみてくださ い）。

たとえば、私が今、ものすごーく「うどんを食べたい！」と強く思っていて、頭のなかがうどんのことでいっぱいだとします。そうすると、その「うどん思考」によって、私は「うどん周波数」になるわけです（それが何ヘルツなのかはさておき）。「うどん周波数」に

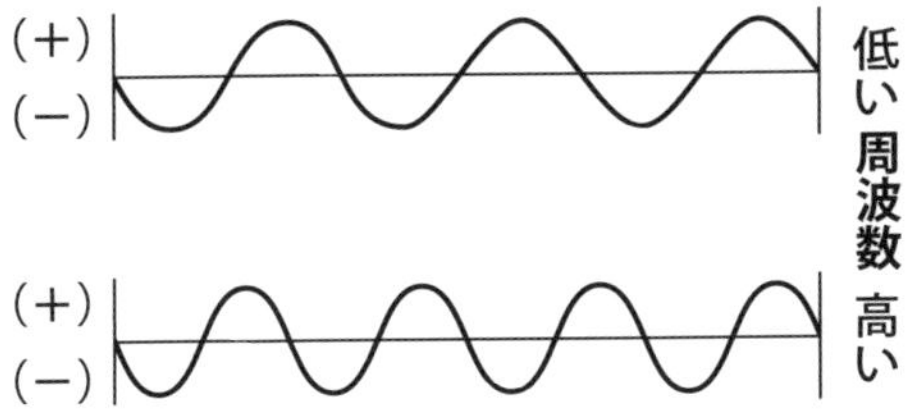

図5

なっている私は、その周波数と合致するもの、つまり、うどんを引き寄せることになるのです。

まぁ、普通に考えれば、それだけ「うどん思考」になっているわけですから、きっと「うどんを食べに行く」とか「うどんを茹でる」といった行動を取ることで引き寄せられるのですが、もしかしたら、うどんそのものではなく「うどん好きの人に出逢う」というような引き寄せが起こるかもしれません。これがまさに「類は友を呼ぶ」という現象です。

そうやって、うどん（うどん好きの人）の方に自分が出向くことになるかもしれないし、うどん（うどん好きの人）の方がやってくることで引き寄せるのかもしれません。

波動の法則として、こんな感じに「**周波数が合致するもの同士は引き合う**」という性質の他に、「**エネルギーの強い方に引き寄せられてくる**」という性質があります。

ここでいう〝エネルギー〟というのは、「いかに強くうどん周波数になっているか」という、いわば〝念の強さ〟〝想いのクリアさ〟のこと、図6のグラフでいえば、縦軸がそれに当たります。つまり、想いが強くてクリアであればあるほど、そのものが自分の方へやってくる可能性が高まったり、早くそのものが来たりする、ということがいえるのです。

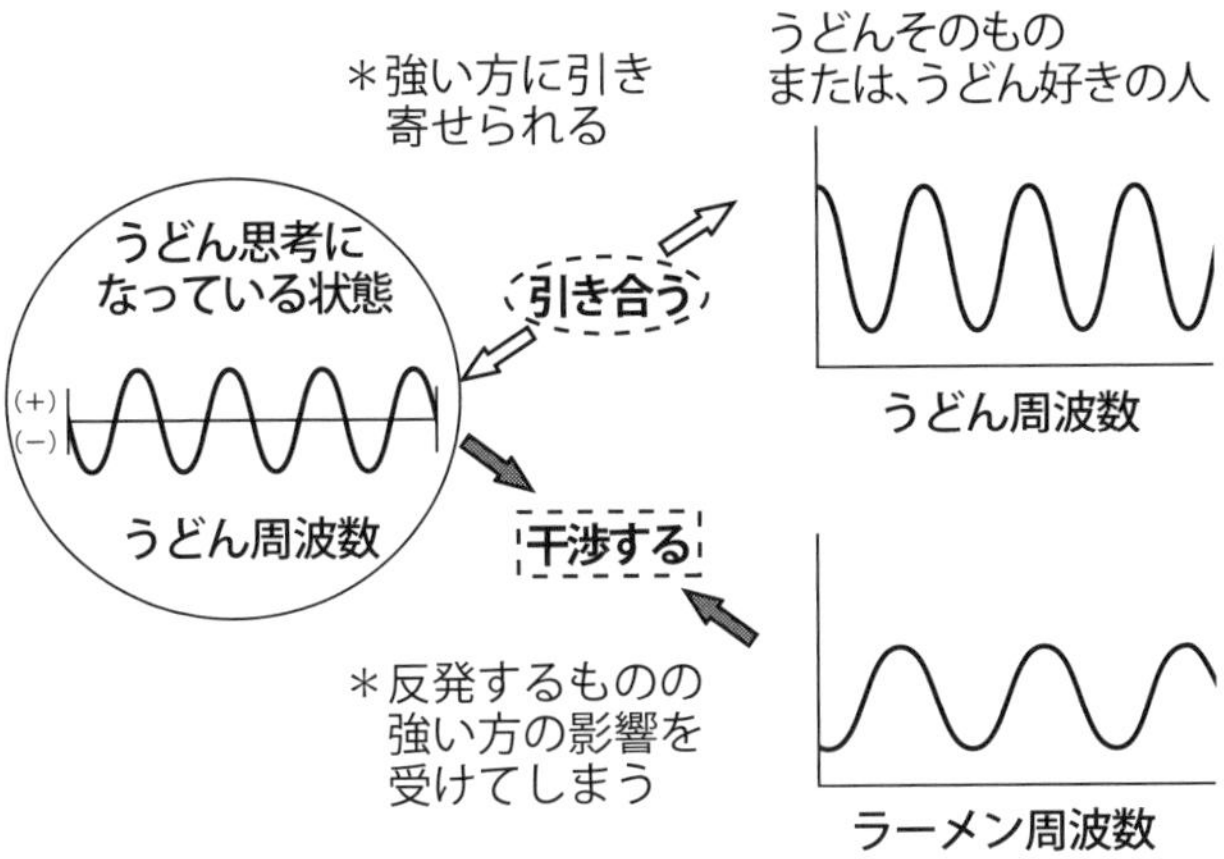

図6

さて、そんな私の元に「ラーメン思考」になってしまっている友人がやって来たとしましょう。完全に「ラーメン食べたい！」という思考なので、その友人は「ラーメン周波数」になっています。

さぁ、私はすっかり「うどん周波数」になっているわけですけど、こんな感じで異なる周波数の友人が近くに居続けるとどうなるのでしょう？

基本的に、周波数が異なるものは引き合いません。

ラジオだって、ラジオ局が音声信号として発している周波数と、自分の手元のチューナーの周波数が合わなかったら、音源を聞くことができません。ですから、価値観や感性の全然合わない人（周波数の合わない人）とは、なかなか関わることはないのですが、今すでに関わっているということは、何か別の部分の周波数が一致しているはずだと考えられます。

そういう、ある程度は合っているものの一部の周波数が合わないという場合や、いま身近にいる人との周波数の違いが少しずつ生じ出したらどうなるのか？

合わない部分が多くなったり、あまりにも周波数がかけ離れたものになったりした場合は、徐々に離れていく現象が起こってきます。だけど、それでも一緒に居続けたり、または少しの違いだったりしたら……。

そこで、「**エネルギーの強い方の影響を受けてしまう**」という法則が成り立つのです。

先ほどの例に話を戻します。

「うどん周波数（私）」と「ラーメン周波数（友人）」が一緒に昼食をとろうということになったとしましょう。お互い口には出しませんが、腹のなかでは、それぞれ「今日はうどんだ！」「絶対にラーメン！」と決めています。ここで私の「うどん思考」の強さの方が相手よりも強かったら、うどん屋さんの前を通ったときに、相手がふと、「さっきまでラーメンを食べたかったけど、うどんでもいいという気になってきた」と口にするという現象が起こります。

結局、**思いのエネルギーの強いものの方に波動が変化し出す**のです（これを「干渉する」といいます）。エネルギーの強さは、周波数のグラフの縦軸で表わされています。

よく、「他人と過去は変えられない」みたいなことを耳にしますが、こういった現象が起きるということは、ある意味（直接的ではないにせよ）では、他人も変えられるということです。でも、それはあくまで自分次第です。相手よりも強いエネルギーで理想的な波動を放ち続けることで、相手の波動をも変えてしまえるのです。

夫婦が長い年月を一緒に過ごすことによって、だんだん似てくるのは、こういった理屈によるわけです。

ちなみに、前述のように「周波数の数値が一致するもの同士は引き合う」わけですから、あいにく「騙されたい人」と「騙したい人」は引き合ってしまいます。「攻撃したい人」と、「被害者になりたい人」は、引き合ってしまうのです。

自分にとって、望んでいない不都合な現実を引き寄せてしまっているとしたら、自分のなかに、それと合致してしまう周波数を発する原因となるものがあるということです。それは、普段から使っている言葉かもしれないし、思考かもしれない。ついつい意識を向けてしまっているものかもしれないし、長年、凝り固まった思考のパターンかもしれません。

どちらにしても、現実に起こること、自分を取り巻くモノ、人を変えていこうとするならば、やはり自分のなかをクリアに、理想的な状態にしておくことが重要なのです。

波動を変える方法

これは私の友人の経営者M氏の車の話です（またまた車の話で恐縮ですが……）。

当時、M氏はファミリータイプのは国産車に乗っていました。でも、本来の彼の車の好みはスポーツタイプの車で、できれば国産車ではなくアウディに乗りたいといつも言っており、「乗るなら、この車」「いや、こっちのグレードの方が良いかも」と、実際に自分がそれに乗っているところを常にイメージしながら高速道路を運転していました。

常にアウディを運転しているところをイメージしているものですから、彼の波動はすっかり「アウディ周波数」になっていたのでしょう。彼はすぐにアウディを手に入れることができたのです。

――ただし、「乗っていた国産車を事故で大破させて」手に入れたのです。

幸い、怪我人は出なかったのですが、「こりゃ廃車にしないとね」というくらいの派手な事故を起こしてしまいました。その結果、新しい車を買わなきゃいけなくなったために、「じゃあ、アウディを」という展開を創り上げて手に入れたのです。

彼は決して事故を望んでいたわけではありません。ただアウディが欲しかったのですが、手に入れるための手段まではイメージしていなかったのです。

〝安心安全〟の周波数にならずに「何が何でも手に入れる」という周波数になっていたのでしょう。その結果、「こんなつもりではなかった」と思わざるを得ない方法によって、彼は欲しいものを手に入れてしまったのです。

欲しいものをイメージするときは「最高最善に」「安心安全に」手に入れているところまでイメージして、その周波数になる必要があるのです。

また、波動が一気に高まると、こんな思わぬことも起こります。

以前に、私のセミナーを受けられたYさんからご相談を受けたことがあります。「波動が一気に上がって、自分自身の置かれている状況は良くなったけど、夫が体調を崩してしまった」というご相談でした。実際、こういうことがたまにあるのです。

前述のように、波動というのは自分の身近な人の波動の影響を受けて変わってくるので、奥さまであるYさんの波動が一気に変わると、身近な存在であるご主人もその影響を受けてしまいます。

実は、この「波動が変わる」というのは、決してプラスに変わるとはいい切れないのです。もし、他から波動の影響を受けたとしたら、自分が持っているものがマイナスの要素が強い場合、マイナスに大きく振れてしまい、逆に、プラスの要素を主に持っていたとしたら、プラスに振れ出します。

つまり、大きな波動の影響を受けると、その本人が強く持っている要素や因子が強調されて、その現象を引き起こしてしまうということになるのです。

ただ、これは一見「悪くなっている」と思いがちですが、実は浄化が起きているのです。つまり膿が出て来てくれている状態なので、一概に悪いことというわけではないのです。

このような場合は、波動の影響を受けたご本人のなかのマイナスの因子をクリアに（つまりお掃除を進める）すれば、一気にプラスの方に大きく振れていきます。また、身近な人だけでなく、波動が上がった本人も、自分のなかの掃除が進んでいなかったらマイナスに振れてしまうので、やっぱり自分のマインドを整えておくことが最重要なのです。

さらにもうひとつ注意すべきは、「波動のリバウンド」ということが起こることがあります。

ダイエットと一緒で、一気に波動が上がった後に一気に引き戻されて、むしろ以前よりも波動が低くなってしまうことがよく起こります。

そりゃそうなのです。人は変化を望んでいるくせに、どういうわけか元の状態に戻ろうとします。これは脳の性質上、仕方がないことではあります。

脳には「**安定化指向**」という性質があり、「今こうやってとりあえず安心安全な環境のなかで生きていられるんだから、変化しなくっていいじゃないか。変化すると、状況が悪くなってしまうかもしれないよ」と脳が考え、変化を回避しようとするものです。だから、一気に変化を起こすと、脳が「ヤバッ！　こりゃ、なんか変化が起きてるぞ！」と判断して、元に戻ろうとするのです。まさに「三日坊主」とは、この現象の最たるものです。

そうならないようにするには、日々、少しずつ波動を上げていくことが理想です。一気に変わると、一気に戻ってしまう。一気に変わろうとするから、三日坊主になってしまう。でも、少しずつであればリバウンドは起こりません。ダイエットだってそうでしょう。

波動を高い状態に保つためには、エネルギーが高い状態でなければなりません。エネルギーの流れを良くし高めるには、エネルギーのパイプに障害物がない状態、つまり、やはり「自分のなかのお掃除」を進めていくことです。

一般的には、レイキヒーリングなど、エネルギーを流せる手法を身に付けて、日々自分のなかのお掃除を進めていくことで、波動はどんどん上がります。その他にもヨガや瞑想などで、日々少しずつ波動を上げていくことがお勧めです。

さらに、いつも使っている言葉を変えてみると、確実に波動は変わります。

言葉や思考にも周波数があります。そして、その思考をし続けることで、周波数が変わってしまうので、思考通りの現象が起きるといいました。

先ほど説明した「アウディを手に入れたM氏」もそうですし、第1章の「人は思い込みを実証する」ところで述べた、私がシトロエンを買ったときの友人の「ヨーロッパ車は故障して当たり前」という思考も、その現象を引き寄せてしまう波動になっていたのです。

つまり、思考を変えれば波動は変わります。とはいえ、思考ってそんなに簡単に変えられるものじゃないし、それが変わらないからしんどいのですが……。であれば、まずは自分の口から発する言葉、そして心のなかで呟いている言葉から変えていきましょう！　それならできるはずです。

思考と同じく、言葉にも周波数があります。その言葉に思考も影響されるのです。発している言葉の内容と違うことを思考するのは難しいものです。

たとえば「りんご」という言葉を口にしながら、バナナのことを考えるのは（できないことはありませんが）けっこう難しいものです。だって、まず真っ先に頭に思い浮かぶのは、口から出ている言葉の内容ですから。

これは、「脳（潜在意識）はキーワード検索をする」という特性を利用しています。

「**交通事故**を起こさないようにしよう」と口に出したとき、まず頭で浮かんでいるのは事故のシーンかもしれません。そうなると、第1章で述べた潜在意識のパワー的にも波動的にも、事故を引き寄せそうですからあまり使いたくないですね。

では、どんな言葉を口にすれば良いかというと、**理想的な状態**を言葉にするのがコツです。この場合ですと「安全運転」とか「スムーズに目的地に」という言葉を入れる方が良いのです。

言葉を変えるだけで思考が変わり、波動も変わりますし、無意識（潜在意識）部分も変わります。

先述のように、私たちは無意識の部分にあることを実証しようとしますので、使っている言葉を変えれば、現象も変わってくるのです。

「妬み」を認める

私の友人で、デザイナーであり経営者である神田氏は、京都で「lleno（リエノ）」というノート専門店を経営し、独自のブランドを確立しています。

レトロ調で「美しいノート」というものをコンセプトとされており、まさに京都を代表するブランドといえるのですが、先日、文房具に関して話している最中に、ふと彼が、「見てたら気分が悪くなるねん」と、おもむろに言い放ったのです。

一瞬、私に言われたのかと、ドキッ！　としましたが、それは私に対してではなく、彼の同業者であり、それなりに名の通った文具ブランドを立ち上げている、他のデザイナー（クリエーター）さんたちに対するものでした。

私からすると、神田氏は溢れるほど才能豊かで「lleno」はノート業界で他に類を見ないブランド力を持っていると思うのですけど、神田氏にとっては文具業界全般という視点で何かを確立している他のクリエーターの活躍を見ると悔しいようです。

とくに、そのなかには神田氏とかつて同じスタートラインに立ち、無名だったものの、誰もが知る有名ブランドを立ち上げたというケースもあるようで、確かにそれは悔しいだろうと素人の私でも思います。

そういった他のブランドのサイトを一緒にパソコンで眺めているとき、彼はおもむろに「悔しくて気分が悪くなる」と言ったのです。そして、「悔しいから観たくないけど、それでも観てしまう。僕は完全に嫉妬している」と、はっきりと自分の中にある「**嫉妬**」というものを認めたのです。

それを聞いて、私は改めて彼を尊敬しました。なぜって、感情のなかで最も醜いのは、「**嫉妬**」「**妬み**」だと思うのですが、彼はそれを素直に認めているからです。

嫉妬、妬みは、凄まじいエネルギーを持っています。それは、一瞬にして「気分が悪くなる」ほどです。

ご自身を振り返ってみて下さい。何かに嫉妬しているときほど、しんどい瞬間はないと思いませんか？

だから、ほとんどの場合、自分の中に嫉妬心があると認めることに**抵抗**をします。どういう感じで抵抗するかというと、相手のダメなところや、自分の方が優れていることを証明することで、嫉妬の対象である相手を引きずりおろそうとしたり、相手の価値を下げようとするのです。つまり、「**自分に対してではなく、相手に対する攻撃にエネルギーを使ってしまう**」のです。

たとえば、もしも神田氏が自分のなかにある他のデザイナーへの嫉妬心を認めずに抵抗してしまっていたとしたら「ヤツは運が良かっただけで、実際はそんなにセンスがよくない」とか、「ああ見えても性格が悪い」とか、相手の凄さを否定することで、相手の価値を下げようと必死になってエネルギーを使ってしまうことでしょう。

または、「自分の方がいかに優れているか」を力説することにエネルギーを使っていたかもしれません。

そうやって、相手を貶めることに対してエネルギーを使ってしまっているときは、一時的ではあるものの優越感を感じることができます。だから気分が悪くならなくて済みます。でも、それはそのときだけのもの。その優越感を感じ続けるためには、相手を貶めることにエネルギーを注ぎ続けなければなりません。

つまり、いつまでたっても自分自身のためにエネルギーを使うことができないのです。

神田氏の場合、一切そんなことをせずに、はっきりと「嫉妬している」「悔しい」と自分の感情を認めています。自分のなかにある嫉妬心や妬みを素直に認めるということは、相手を貶めることにエネルギーを使わなくて済むということ。そして、その妬みの対象であるところまで行けるように、自分自身を高めることにエネルギーを使うことができます。

また、神田氏は、自分のなかの嫉妬を認めると同時に、他人の凄さも素直に認めています。他人の凄さを認めることができなければそこには行けないし、それを超えることはできません。**認めない限り、それ以上のものは創り出せない**のです。だから神田氏は、一つのものを確立することができているわけです。

宝くじは買わない！

私は、独立して自分で仕事をしていきたい、という人に対して、よく、「自分で稼げるようになりたいのであれば、宝くじを買わない人になってください」といっています。

私自身、宝くじは買いませんが（実は、買ったこともないのです）、公務員、会社員時代の職場では、年末近くになると「年末ジャンボ、もう買った？」「どこで買った？」という会話で持ちきりになっていました。

決して、宝くじがよくない！　ということをいいたいわけではないのですけど、ただ、「どういう人が買うのか？」ということを一度考えて欲しいのです。

宝くじを買う人の心境って、2パターンあるのかなと私は思います。

まず、「ちょっとした運だめし」感覚で買う人。これは何となく気持ちはわからなくもないですね。こういった人の本来の目的は、大金狙いじゃないので、もしかしたら宝くじじゃなくても、神社のおみくじでも満足されるのかもしれませんが、まぁ、棚ボタ的にお金まで得られたらいいな、という感覚なのでしょう。

あともうひとつのパターンとしては、「自力でまとまったお金を稼ぐのは無理」と決めてしまっているという人です。

「宝くじは夢を買うもの」とよくいいますが、「宝くじが当たったら何に使う？」と、あーだこーだと、〝叶えるためには大金が必要〟な夢を描きます。

でも、それらの夢は「宝くじが当たる」という前提の夢なのです。だから私は問いたいのです。**「その夢は、宝くじが当たらないと実現できないことですか？」**と。

恐らく、どんなに頑張ったところで自分が稼げる金額には「上限がある」という意識を持ってしまっているために、自力で稼いで、その夢を実現するのは無理だと決めてしまっているから、他力である宝くじというものの力を借りようとしているわけです。これを〝サラリーマンマインド〟といいます。

会社員であれば、当然この感覚は持っているであろうと思います。それを否定するつもりはありませんが、もしも「独立して成功して稼げる人になりたい」「フリーでやっていきたい」と思っているのであれば、この「上限がある」という感覚は一刻も早く手放さなければなりません。

そういえば以前、前出の経営者塾のスタッフをしていたとき、ふと、「そういえばここに来ている経営者の人たちの口から、〝宝くじ〟という言葉を聞いたことがない」と、思って、その経営者塾の先生に「先生、宝くじって買います？　どう思われますか？」と尋ねたところ、「あぁ、そんなものもあるみたいやなぁ」とおっしゃいました。

経営者としてうまくいっている人は、「まとまったお金は自分の力で稼ぐのが当然」という意識を持っていらっしゃいます。そして、上限を設けていない人が、どんどん事業規模を大きくしています。

そういった意識の人にとっては、他力本願的な位置づけである〝宝くじ〟というものにまったくといっていいほど無関心なのです。

私が公務員や会社員だった頃の同僚たちは、よく「そんなん、宝くじ当てないと叶わへんわ！」というフレーズを口にしていました。

何度もいいますが、決して〝サラリーマンマインド〟であってはいけないわけではありませんが、ただ、宝くじに夢を託す人は、夢は自分で叶えるのは無理で、叶うとしたら、誰かや何か、自分以外の何者かによって叶えてもらえるものだ、という認識があるということを知ってもらいたいのです。他力ではなく、自分で実現をしていこうと決めている人は、宝くじや他人の力をアテにする意識を一切棄ててしまってください。

宝くじに関するエネルギー的な話を加えておきますと、宝くじ売り場に行ってしまうこと自体がお勧めできません。

ある程度、エネルギーを感じられるようになると、遠目にでも宝くじ売り場を見たときに、そのエリアだけが異様にドロドロしたエネルギーが渦巻いていることがよくわかります(一般的に「よく当たりが出る!」といわれている売り場ほど渦巻いています)。

宝くじ売り場に来る人は、いったいどんなエネルギーや強い意識を携えて来るでしょう。きっと「他の人よりも自分が!」「今度こそ当てたい!」という、強い思念を持ってその場所に来ていることでしょう。そこには、〝他の人を差し置いても欲しい〟〝優位でありたい〟という、〈徳を積む〉ということからは程遠い類《たぐい》の思念体があるわけです。

そういった場所にみずから行くことによって、その周波数と自分の周波数を合わせてしまうと……ちょっと考えたくないような気がしませんか。

チャクラを意識する

こういった目に見えないエネルギーを取り扱う世界に携わっていると、必ずといっていいくらい耳にするのが「チャクラ」という言葉です。

チャクラに関しては、いろいろな本がたくさん出版されているほど重要なので、この本でもざっくりとだけご説明しておきます。

ただ、諸説いろいろあるため、詳しく知りたければ専門書などでじっくり研究されることをお勧めします。

チャクラというのは、一言でいうと「エネルギーの出入り口」で、一般的には第1チャクラから第7チャクラまでの7つが身体の中心線上にあるといわれています。

「前から見てもど真ん中、横から見てもど真ん中」という位置にありますが、臓器のように目に見えるものではありません。エネルギー体として身体の中に存在しているといったイメージです。大きさは7・2センチくらいだという話を聞いたことがあります。「目に

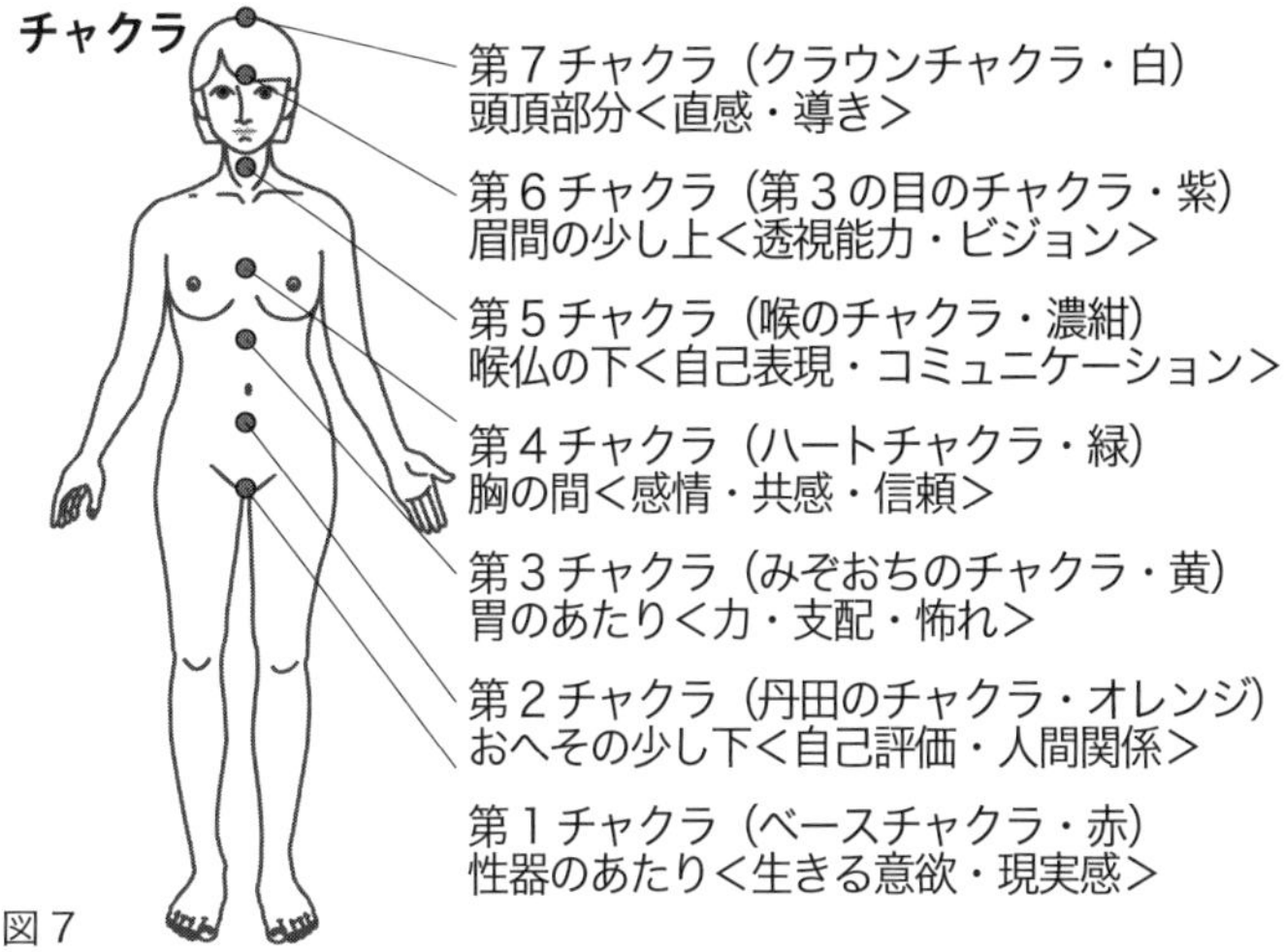

図７

見えないものなのに、いったい誰がどうやって計ったの？」という疑問を拭いきれない私ですが、まぁ、だいたいそれくらいの大きさだとイメージしてください。

チャクラは、それぞれの場所で正面から見て時計回りに回っているそうです。しっかりと回転していれば〝活性化している〟という状態で、活性化すればするほど、オーラに影響を与え、エネルギーが高まります。

ただ、これはバランスが重要で、いくつかが激しく大きく活性化していても、他のいくつかが止まっている不活性状態だと、オーラのバランスが崩れてしまって、心身ともに不調な状態になってしまいます。激しく大きく活性化するよりも、緩やかでバランスが取れている状態が

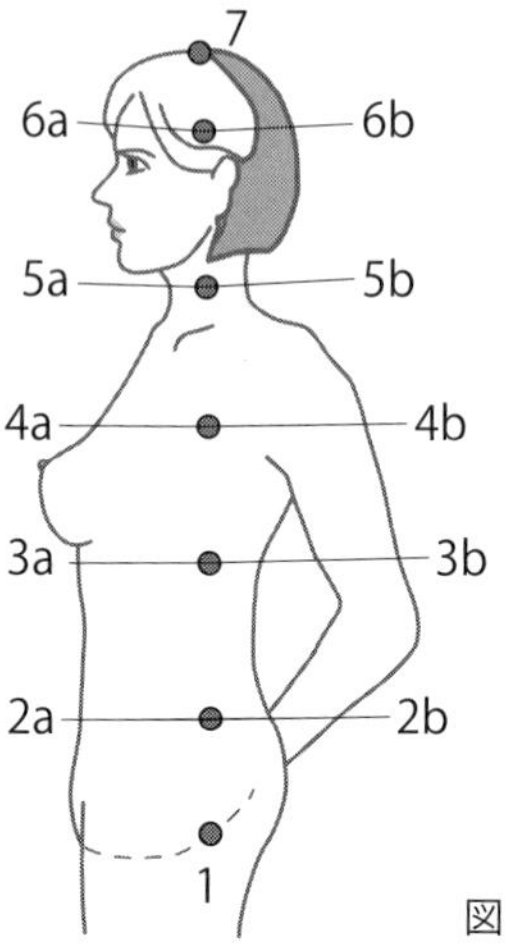

図8

好ましいのです。

チャクラを意識してヒーリングすると、バランスが取れて活性化している状態に整えることができます。

チャクラ自体は、身体の中心線上にありますが、その入り口のようなものが、身体の前面と背面にあり、前面をａ、背面ｂと呼んでいます。

たとえば、胸のチャクラ（第４チャクラ）の前面の部分は「４ａ」で、背面は「４ｂ」と呼ばれています。

そして、そのチャクラを活性化させると、そのチャクラと連動した感覚も癒されます。

感情面をとくに癒したいなら胸のチャクラを、コミュニケーションに滞りを感じているのであれば喉のチャクラ（第５チャクラ）を重点的にヒーリングしてあげればいいのです。

また、ヒーリングをする際は、そのチャクラの色も意識するとなおベターです。

色にはそれぞれ周波数があり、チャクラ自身にも周波数があります。そのチャクラの周波数と合致した色をイメージしながらヒーリングを行うと、より強力なヒーリングが行えます。そのチャクラの部分に、合致した色のモノを物理的に持ってきても効果的です。たとえば喉の辺りに青系のストールを巻くとか、赤いパンツを履くとか。

ここではチャクラに関しての詳細は省きますが、重要なので常に意識されることや、さらに専門書などで勉強しておかれることをお勧めします。

私は最初「チャクラなんて実体がないし、さほど気にしなくていいや」と思っていましたが、自分の表現に問題があると感じているときは喉の調子が悪くなったり、感情面でしんどいときなど胸のあたりが苦しく感じられたりしたので、やっぱりチャクラの状態と、自分の状態は連動していることを認めざるを得ないと気づきました。

余談ですが「チャクラは実体がないから」と軽んじていた時代に、気功をされているという男性が私のセミナーに参加されました。

その男性、集中状態になるとずっとお腹が鳴るのです。

「お腹が減っているのかな」と思っていたのですが、実はその方、気功の修練の末に、集中状態になると丹田というツボ（第2チャクラ）から音が鳴るようになったということでした。

「チャクラって音が鳴るのか！」と、ものすごく衝撃を受けたわけですが、そのときから「チャクラって実体があるのかも」と認めるようになりました。

ですから、チャクラ――とても重要ですよ。

第4章
想いを伝える技術

うまく話そうとせず「お届け」する

「同じ話を以前に何度も聞いていたけど、はじめて腑《ふ》に落ちました」

「会話をするだけでスッキリしました」

クライアントさんからよくいただく嬉しいお言葉です。

セラピストとして活動する傍《かたわ》ら、心理系の講座やヒーリングセミナーなどで、人前で話す機会が多いのですが、そうやって人に〝伝える〟ことを意識しているうちに、「相手の心を動かす伝え方」にはコツがあるのだということに気がつきました。

そういうテクニックを無意識に使っていることで、ふとした瞬間や、ほんの短い時間だけであっても、相手の方がとても満足してくれることが多くなりました。

この章では、セラピストとして知っておいた方が良い〝伝える技術〟をお伝えします。

何かを学び始めて経験が浅いうちに、ついついやってしまいがちなことがあります。

それは、〝喋り過ぎてしまう〟ということ。知識が増えると、あれも、これもといいたくなるものです。つい、「この人の役に立てれば……」という想いからなのですが、知識の押し売りをしてしまうことがあります。でも、それって本当は、自分が話したい！　だけなのではないでしょうか。

聞きたくもない話を聞かされることほど、ストレスを感じてしまうことはありません。目の前の相手を癒したいと思うのであれば、その相手が欲しがっている情報を察知する、ということを常に念頭に置く必要があります。

そして、話し手がついやってしまいがちなのは、**「うまく話そう」としてしまうこと**。うまく話さないと伝わらない、だから一生懸命、キレイに話そうとしてしまいがちです。けれども、「うまく話そう」としている状態って、実は「自分を良く見せたい」という自己顕示欲の表れなのです。

これは文章も同じで、たとえば、「うまく書こう」という意欲が前面に出ているキレイなだけのブログなどは、なぜか内容がまったく入ってこないものです。

「上手《じょうず》に話そう」としているとき、自分の意識はどこに向いていますか。

そうです。自分自身に意識のベクトルが向いています。

「今の自分はどう見られている?」「おかしくない?」「ちゃんと話せている?」——というように、自分のことばかり意識してしまっているために、**相手がどう感じ、どう反応しているかに意識が向かない**のです。その結果、相手がうんざりしている話を、延々と話してしまっているかもしれないのです。

セラピストとして話をするときは、常に「相手が欲しがっている話を〝お届け〟しよう」という意識で伝える必要があります。〝話そう〟とすると、発信元が主役になってしまいますが、〝お届け〟の意識でいると、お届け先(つまり聴き手)が主役になります。

ですから常に、

「この会話の主役は誰?」

これを自分に問いかける意識で、お相手に〝お届け〟してください。ちゃんと相手に自分の言葉をお届けするためには、うまく話そうとするよりももっと大事なことがたくさんあります。

この章では、それをお伝えしていきます。

アドバイスという名の〝否定〟

セラピストとして、目の前の人を癒したいという意識が強すぎると、その人に役に立ちたい一心で、**頼まれてもいないアドバイス**をしてしまっているかもしれません。私も経験が浅いうちは、よくやってしまいました。

「アドバイスの何が悪いの？」と思われるかもしれませんが、頼まれて応えるアドバイスはともかく、頼まれてもいないのにこちらから一方的にアドバイスする場合、「今のあなたではアカンのです！」と相手の方に受け取られてしまう可能性があります。

以前、私が主催したある講座に、「現在、嫁姑問題のドロドロの渦中にいる嫁」の立場の女性と「かつて嫁として同じ経験をして、それを乗り越えた元嫁」の年配の女性という、お互い面識のない方々が一緒に受講されるという機会がありました。

まず、渦中にいる嫁の立場の女性が、今の苦悩をいろいろ吐露してくれました。それを聞いた元嫁の女性は、「それはアンタ、もっと強く姑さんにいわなアカンで！」「うまくいくためには、まず……」というように、相手のために〝良かれと思って〟経験に基づくアドバイスをしてくれ始めたのです。

最初はフムフムと聞いていた嫁の立場の女性は、だんだん責められているかのような感覚になってきたのか、表情がどんどん曇ってきて、終《つい》には涙目になっていました。

アドバイスされるということは、傍《はた》から〝なにかしらの改善が必要〟と指摘されている状況です。つまり、現状の自分が〝否定〟されていることになるのです。

いくら的確で的を射たアドバイスであったとしても、アドバイスされた当人からすると、「今のままではアカン」といわれているように受け取ってしまいます。

その元嫁の女性も、決して悪気があったわけではなく、「相手のために自分の経験を伝えられたら」と思われてのことでしょう。でも、嫁の立場の女性にとっては「やっぱり今の自分のやり方だからうまくいかないのか」と、まるで自分を否定されているような気持になってしまったのです。

そもそも人は、自分のことを否定され（たと感じ）てしまうと、どんなに良いアドバイスであったとしても、耳を傾けようとはしません。それどころか、自分が否定された（と感じている）わけですから、自分も相手のことを否定的に見てしまい、そのアドバイス自体を「それは間違っている!」と否定し始めることもあります。経験ありませんか。

本当に助言を求めているのであれば、「どうすれば良いでしょうか」と、アドバイスを求めると思います。でも、求めて来ないということであれば、ただただ話を聞いて、受けとめてもらえるだけで満足していらっしゃる、ということなのです。

共感されないと人は動けない

「求められていないアドバイスは〝否定〟だ」と書きましたが、でも、「どぉーしても言ってあげたい!」という場合はどうすればいいのでしょう?

頼まれてもいないのに、どうしても相手に対して何らかの助言をしたいのであれば、「**一切否定せずに、まずは相手を認めてから助言する**」ことを徹底してください。

たとえば、先述の「嫁姑問題」のやり取りの事例ならば、かつての試練を乗り越えた元嫁の女性は、「そっか、辛いよね、私もそうやったわ。かつて経験したからよくわかる」と、まずは共感（＝「あなたは間違っていないよ！」）をしてあげて、その上で「経験者として、私がこれでうまくいった、という方法をお伝えするとね……」というように、思いっきり共感した上に、助言を乗せるのです。

そうすると相手は、ちゃんと認められた感があるので、いただいた助言を「ありがたいもの」として受け入れて行動しようという気になるものです。

「そっか、それは無理ないよね」

その一言でいいのです。それだけで動けるものです。少しでも「共感」してもらえるだけで十分なのです。

そうそう、そういえば少し前に、私自身も「ちょっと共感してもらえるだけでいいのに……」と思える出来事がありました。

それは、近所のスーパーでの出来事です。ある日、子供（当時、中2女子）のお弁当用に、パックのイチゴを買って帰宅しました。そして、翌朝のお弁当作りの際に、そのパックを空けてよく見ると、なんと一部が腐っており、隅っこの方は白カビが生えていました。

これは衝撃です！　昨日買ったばかりのイチゴが、とても食べられる状態ではなかったので、驚くと共にとても困ってしまいました。そこで、購入したスーパーのサービスカウンターに持って行って、そのことを伝えたのです。

私「あの……昨日買ったこのイチゴなんですけど……」

店員さん「あ！　申し訳ありません。痛んでいましたか」

私「はい、えっと、こんな風に……（実物をあけて見て貰おうとする）」

店員さん「本当に申し訳ありません。（とにかく平謝りで、私の手からイチゴを取り、中身の確認をせずに後ろのカウンターに置く）」

店員さん「お取替えしましょうか？　それともご返金の方がよろしいですか？」

私「えっ？　実物を見なくてもいいんですか？」

店員さん「青果係によくよく言っておきます！」

私「じゃあ、これから仕事に行くので、交換じゃなく返金で……」

店員さん「では、すぐに手続きします。大変申し訳ありません！」

このように、ものすごーく手際よく、一生懸命誠意を尽くしている〝かのように見える〟対応をしてくださったのですが、実際、何だかよくわからない消化不良感が残りました。

私としては、実際に見てもらって、「今朝、すごく驚いて、ちょっと困ってしまいました」という気持ちをわかって欲しかった」だけであって、決してクレームが言いたかったわけではなかったのです。でも、お店の人の対応は不快なものではなかったものの、「クレームに繋がらないようにしないと！」という気持ちが前面にあったのか、お客さんへの「共感」よりも先に、とにかく謝罪と事務手続きにエネルギーを注いでいらっしゃいました。

「本当！　結構ひどく腐っているね」「驚いたでしょうね」などと共感して気持ちをわかろうとしながら話を聞いてさえくれれば、返金とか取替えとか、そんなことは要《い》らないんだけどなぁ〜。

人の欲求のうち、「聞いてもらいたい」「共感してもらいたい」「わかろうとしてもらいたい」というのが、損得よりも上回るんだと実感できた出来事でした。

誰かとのやり取りの中で、すみやかに相手を安心させる手法は、まさに「共感」です。

ちなみに、「共感」と「同情」はまったく違います。

「同情」は、相手の方と同じ気持ちになってしまう状態です。怒っている人の話を聞いているうちに、自分まで怒りが込み上げてしまい「私が一緒に文句言ってあげる！」とエキサイティングしてしまうようなことですが、これはネガティブ感情を〝わかち合って〟大きくしてしまっているわけです。

一方「共感」は、「あなたが怒るのも無理ないよね」と、相手の方がどうして怒っているのかを認めてあげる。つまり、「私があなたの立場だったら、同じ気持ちになっていたかもしれないね」というように、気持ちはわかるけれど、その経験を実際にしているわけではない、という立場を崩していません。

この場合は、ネガティブ感情をわかち合っているというより、〝わかり合って〟小さく収めてしまっているわけです。

「そやねん」の魔法

私が尊敬する方の一人に、マーケティングに特化したコンサルティングの第一人者である、松野恵介先生という方がいらっしゃいます。

以前、松野さんがコンサルとして入っていらっしゃる会社に同行させていただき、そのお人柄や、その会社の社員さんたちとの接し方を間近で見させていただく機会が何度かありました。

そのときに、「おお！　こんな手法があったのか！」と叫ばずにはいられない画期的な手法でその会社の社員さんたちの心を鷲掴みにし、凄まじいスピードで社員さんたちの意欲を高めるテクニックを目の当たりにしました。

その手法とは、とにかく、相手がどんな意見を言っても、

「そやねん」

と相槌をうつ、というもの。

「は？」「なに？　そんだけ？」と思われた方もいらっしゃるでしょう。でも、本当にそんな感じなのです。とにかく、相手が発する意見に対して、いかなるときも、「そやねん」と対応するのです。

「そやねん、よーわかってるやん」と、まぁこんな感じです。

さらに、松野氏の「そやねん」の凄さは、ここからなのです。相手の意見に共感できる

ときは、もちろん「そやねん」なんですが、たとえ相手の意見に共感できない（自分の意見とは違う）ときでさえも、とりあえず「そやねん」なのです。

たとえば、

「そやねん、別の言い方をするとな……（この後に別意見）」

「そやねん、逆の視点からみるとな……（この後に反論）」

「そやねん、まぁ俺としては……（この後に持論）」

と、いったんは、相手の意見を肯定し、共感するかの〝ように〟受け入れてしまうのです。

そして、「そやねん」の後に、「でもな」とか「しかし」とかの接続語を入れずに、別意見や反論、持論を述べていきます。

「そやねん」と言われた人は、たとえその後に違う意見が展開されたとしても、すでに自分の意見はちゃんと受け入れられているから、まるで反論されているような気がしないのです。だから、不思議とその反論を受け入れてしまいます。

これが、「いかにもあなたの意見を受け入れましたよ」というような、あからさまな肯定ワードじゃないところが心憎い技術といえます。

いかにも「君の意見はわかった」というものですと、この裏に「まぁ、自分はそう思わないけどね」という、ちょっと否定的な意思表示が見え隠れするので、ちょっといやらしく聞こえるかもしれません（もちろん言い方によるとは思いますが）。

その点、「そやねん」は、肯定にしか聞こえません。でも、実はハッキリと肯定しているわけじゃないのです。

標準的な言い方にすると、「そうだね」「なるほど」が近いかもしれません。

私の兄弟子である、全肯定！　心理カウンセラーの藤村高志氏（たかぢん兄貴）がいつも言っている「そっか、そっか」も、同じような魔法の言葉だと感じます。

実際のところ、言葉はなんでもいいのかもしれません。「そうそう」でも、「うんうん」でも、なんでもいい。重要なポイントは、「ただあなたの意見は受け入れているよ」という意思表示になるシンプルな言葉であること、けっして否定的でなく、共感反応で出た相槌であることなのです。

どうして私の話は聞いてもらえなかったのか？

かつて私が郵便局に勤めていた時期のことです。

20代のほぼ10年間、私は「ゆうちょ」や「かんぽ」の窓口担当者として、毎日お客さまと接していました。そこで、商品説明をして営業したり、また、お客さまからのご質問に対して回答してご理解いただいたり、ということをしていました。

そんななかで何度もあったのが、私がいくら説明しても、お客さまにまったく聞く耳も持ってもらえないのに、他の担当者が同じように説明すると納得されるという現象です。これは本当に不思議でした。

他の担当者も私も、同じように説明しているのです。研修で学んだ営業トーク通りに一生懸命伝えるのですけど、私が説明する内容は「ふーん」という無関心な反応。どれだけ力を入れて説明しても興味をもってすら貰えないのに、他の担当職員が同じ営業トークで話すと、乗り出して話を聞こうとするのです。

また、中学2年生のときにも、そんなことを痛感しました。

この年代の女子にありがちな、仲のいい5、6名のグループのなかで、「昨日、こんな面白いことがあったよ」みたいなことを私が話してもみんな無関心なのに、同じ出来事について他の子が話し出すと空気が変わって、「えー！　それホンマなん？」と興味津々で耳を傾けるのです。

「この違いは何なんやろ?」「なんで私の話には耳を傾けてもらえへんのやろ?」と、ずっとずっと考えていて、私は話が下手なのかなとあきらめていました。

けれども、カウンセラーとして経験を積み、講師として人前で話す機会が増えると、目の前の人が、私の話にどんどん惹き込まれてくれることが実感できるようになりました。

その経験を通して、「耳を傾けてもらえる伝え方」にはポイントがいくつかあるということに気がついたので、それを紹介します。

第一声で波動がわかる

パッ! と見たときの、見た目の第一印象でその人の印象自体が決まるといいますが、それは〝声〟も同じです。

目の前の人が、ぼそぼそー……と何かを話し始めたら、それを聴きとるために必要以上に意識を傾けなければなりません。だから、余計な労力を使ってしまうので、なんだかもう聞くのが面倒になってきて聞こうという気が起こらなくなります。

まず第一声は、少しトーンを高めに、そして明るめのはっきりした口調で始めると、どうしても耳に飛び込んできますので、とりあえず気を引くことができます。

人は、誰かの声を聴いているとき、その人の波動を耳から感じています。

第一声のトーンが高めで力強くて明るければ、聴き手は「この人は、高く、強く、明るい波動の持ち主なんだ」と無意識に感じます。

私たちは、どんな波動の人に惹かれるのでしょう?

そう、高波動で強いものに魅力を感じます。

目を見て話す

当たり前のことのように思うのですが、意外にできていない人が多いものです。

以前に、参加者10名ほどの、とある2時間ほどのセミナーに受講者として参加したときのことです。とても充実した内容でしたし、講師の方も素敵な方だと思いましたが、なぜか「この方とは、もう会うことはないやろうな」と思うくらいの不満感が残りました。それは、講師の方の「視線の使い方」によるものでした。

そのセミナー中に講師の方が視線を送っていたのは、手前に座っていた3名ほどだけでした。講師の方の話し方の癖なのでしょうか、私が座っている方には身体も向けず、チラ見さえしない。決して講師の方の悪意が感じられるわけではないのですが、見てもらえないことで、気にかけられていないという疎外感をずっと抱いていました。

そう、視線を向けないということは、存在を無視しているのと同じ印象を与えるのです。

逆にいえば、相手に視線を送るだけで、**「あなたの存在、認めていますよ」**という受容感と**「あなたと仲良くなりたいのです」**という親近感を与えられるのです。

オーラは背中ではなく、胸から発せられる

つい惹き込まれてしまう話し方をする人は、姿勢が良く、胸を張って話しています。

逆に、どうしても聴く気にならない、聴くのが苦痛に感じる話し方をする人は、だいたい背中が丸まっています。

背筋を伸ばすことで声帯にも良い影響がありますが、それ以外の理由もあるのです。

実は、これはオーラの状態が関係しています。

芸能人などを見ていると「オーラがある」といわれる人には、パッと目が行きます。最も輝いている旬の女優さんなどは、何だかキラキラしたオーラを放っている気がします。

「オーラがある」とか「ない」と言い方をしますが、実際オーラというものは誰にでも

あります。ただ、それが「大きい」か「小さい」か、そして「どんなオーラ（色など）」かが違うから、パッと目を引く人とそうじゃない人がいるのです。

私は、実際にオーラが観えるというわけではありませんが、経験と訓練を重ねた結果、オーラの大きさや光り具合を何となく感じることはできます。そして実は、オーラというのは背中からではなく、胸から発せられているのです。

その証拠に、オーラが大きく光っている人は、たいてい姿勢が良く、背筋が伸びています。そして、**口角が上がっています。**口角が上がっている（高い）のは、**波動が高い証拠**です。だから必然的にオーラも大きくなります

オーラを大きくして、人を惹きつけたいときは胸を張って口角を上げる！

ただそれだけで、人は惹きつけられるのです。

絶対に聴く耳を持たずにはいられない2つのポイント

まったくの初対面の人と2人きりになった状況をイメージしてください。

どんな人かわからず、お互い興味を持てずにいますが、黙ったままだと気まずい空気が続くので「何か話でもしなきゃ」と思ったあなたは、まず何を切り出しますか？

きっと、「どこから来られたんですか？」「ご出身は？」と住んでいるところや出身地を訊ねる可能性が高いと思います。もしかしたら「今日は暑いですね」と、天気の話をするかもしれません。その後、相手がどこから来たかがわかると、次に年齢（または年代）を聞くかもしれません。

これは、いったい何をしているのでしょう。

そう、**相手との〝共通点〟**を探しているのです。

まず、住んでいる場所や出身地を訊ねることで、何かしらの共通点を見つけようとします。相手がどんな人かわからないのに、いきなり「中学時代の部活動は？」とは聞けません。

現住所や出身地が共通していなくても、「去年、そこに旅行に行ったんですよ」とか「知人がその辺に住んでいます」という、何かしらの繋がりができたとき、「えぇ！　どの地区にですか？」と、一気に話が盛り上がります。

住んでいるところや出身地に、なにも共通点がなければ、趣味や家族構成……など、どんどん話を展開していきます。「暑い日が続きますね」というように、つい天気の話をしてしまいがちなのは、天気は誰にとっても何かしらの影響を与えているからなのです。

これもやはり「何か共通意識を持てることはないか？」と探すからです。

何かの共通意識のようなものが見つかった瞬間、それまではよそよそしかった関係だったのに、急に親近感が湧いて相手のことをもっともっと知りたくなるのです。その結果、相手の話にグッと惹き込まれていくので、まずは共通の何かを探して、意識の共有をすることから始めることがポイントです。

実は、相手の話に惹き込まれる瞬間がもうひとつあります。

たとえば、私がカウンセリングのセッションやセミナーの最中に、必ず聴き手さんが「ハッ！」と私の話に惹きつけられる瞬間があります。それは「先日、ウチの子供がね……」という話をしたときです。

私には、（2016年現在）中学生の娘がいます。でも、ブログにも滅多に子供のことを書きませんし、一見、生活感がないようで、子供がいるようにはまったく見えないようです。ですから、子供の話をした瞬間、「え？　子供？　誰の？」という反応をして、私の話に一瞬で惹きつけられるのです。

つまり、相手の話に〝**意外性**〟があった瞬間、人はグッと惹きつけられるのです。

「私、こう見えても○○なんです」というように、相手に意外性を感じさせることが、きっと誰もがあると思います。

人とのコミュニケーションのなかで、その〝**意外性**〟**をチラッと出すこと、そして**〝**親近感**〟**を感じてもらう**こと。そうすることで、お互いに興味を持てるようになり、相手の話を真剣に聴こうとする……というかむしろ、聴きたくて仕方がなくなるのです。

理論 ＋ 具体例 ＋ 実体験 ＝ 腑に落ちる

とても素晴らしい理論をいっているのだろうけど、どうしても惹き込まれないなぁ……という人の話の特徴として、「**具体例**」がない、ということがよくあります。

実例を挙げてくれないと、イメージが湧かなくてピンとこないものです。ということを、私がいまここで理屈をこねても、やはりイメージが湧かなくてピンとこないかもしれません。

すでにお気づきかもしれませんが、実際、この本では「たとえば……」という実例を意識的に多く挙げています。「具体例」とはまさにそれのこと。それらの実例があるから「なるほどねぇ……」と納得いただけていると思います（だといいのですが）。

では早速、たとえば、「1＋1は2ですよ」といわれても、私たちはそれを公式という理屈で覚えているので納得しますが、それを知らない小さな子供に言っても意味を理解できないので納得してくれません。

でも、「ここにリンゴがひとつあって、そのよこにもうひとつリンゴがありました。リンゴはぜんぶでいくつ？」といわれると、その意味が理解できます。つまり、具体例によってイメージが湧かないと納得できないのです。

さらにそこに、「**実体験**」が加わると、さらに腑に落ちる感覚を与えられます。体験を通して説明されると、話がリアルになるので説得力が増すのです。

私がセミナー中に「うちの子供がね……」と話し出すと、ハッと聴き入ってくれるのは、意外性があるだけでなく、リアル感が伴うからでしょう。ですから、この本もできるだけ自分の実体験や、クライアントさんの実体験を含んでお伝えしています。

ただし、実体験を述べ出すと、ついダラダラと話が長くなり間延びしてしまいがちなので、その点は注意が必要です。

右脳と左脳を意識したインプット・アウトプット

先ほど、『「具体例」でイメージできないと納得できない』とは書きましたが、実際のところはそうとは限らないこともあります。

言ったそばから翻すわけではありませんが、正しく言うならば、何かの理論をインプットするとき、具体的な例がないと納得できない脳タイプの人と、理論を聞いただけですんなり納得できる脳タイプの人がいるということです。

実際に、あなたがどちらの脳タイプか簡単に見分ける方法を紹介しましょう。

自分の両手を合わせ組んで貰えますか？　お祈りをするような、あの指の組み方です。組んだとき、どちらの手の親指が上になっているかどうかで、インプットの際の脳タイプがわかります。

私は左手の親指が上にくるのですけど、これは「右脳インプット」のタイプです。何かの理論をインプットする際に、具体例を通してイメージ（映像化）することで腑に落ちるタイプです（右脳はイメージや想像力をつかさどっています）。ですから、このタイプの人に理論だけで説明しても、ピンとこないという反応をされることがあります。

逆に、右手の親指が上になっている人は、「左脳インプット」のタイプです。左脳ですから、物事を理論立てて理解できる人で、何かの説明をされた際、具体例によってイメージ化されなくても、文字情報だけで納得できる傾向があります。

もし、何かを説明した際に、相手が何だかピンときていないようであれば、もしかしたらその人は「右脳インプット」のタイプかもしれません。できるだけ「たとえばね……」という具体例を交えて説明するといいでしょう。

また逆に、話せば話すほど相手がうんざりしている反応を見せるようであれば、その人はもしかしたら「左脳インプット」のタイプかもしれません。その場合はくどくどと説明をするのをやめて、シンプルに結論だけを言ってあげるといいでしょう。

余談ですが、インプットの脳タイプと同じく、「アウトプット」の脳タイプもあります。アウトプットですから、何かを〝伝えるとき〟にどちらの脳が優位になっているかということがわかるのです。

今度は両腕を胸のところで組んでみて下さい（次頁の図9参照）。

上になっている腕は、どちらの腕でしょう?

左腕が上にきている人は「右脳アウトプット」タイプです。つまり、何かを伝えるときに右脳をフルに使った伝え方をしています。右脳ですから、「自分が抱いているイメージ」を伝えようとします。だからこのタイプの人の説明は、「たとえばね……」という具体例が多くなりがちです。

図９

左腕が上にくる人は「右脳アウトプット」タイプ

かくいう私も、この「右脳アウトプット」タイプなので、セミナーでもついつい「この事例も言っておきたい」「この具体例の方がわかりやすいかも」と、話が長くなりがちです。

逆に、右腕が上にきている人は「左脳アウトプット」タイプです。

このタイプの人は、結論から述べるように、理論立ててシンプルに物事を伝えることが多いと思います。くどくどと説明してしまう私からすると羨ましいタイプですが、理屈だけを伝えるので、リアルさが伴わず、聴き手を選ぶかもしれません。

相手がどちらのインプットのタイプかを見極めることもスムーズなやり取りに繋がりますが、その前に自分がどっちのインプット脳タイプで、どっちのアウトプット脳タイプなのかを知っておく必要があります。

今まで、どうしてもかみ合わなかったタイプの相手とは、脳タイプが違っていただけかもしれません。

質問を変えるだけで空気が変わる

レストランや居酒屋さんなどに行くと、よくテーブルの隅っこにアンケートが置いてあることがありますが、そのようなアンケートって何のためにあるのでしょう？

もちろん、お客さまのご意見を取り入れて、お店をもっとよくするためのものではありますが、実はもっと違う目的のものもあるのです。


たとえば、そのアンケートに「この店に関することで、もっと良くなったらいいと思う点を3つ教えてください」という質問が書かれていたとします。それを見たあなたは、その店を〝どんな視点で〟みるでしょうか？

〝もっと良くなったらいい点〟を訊ねられているのですから、恐らく、「味は美味しいけど、メニューがもっと豊富だったら良いのに」「店員さんは好感が持てるけど、料理が出て来るのが遅かったな」「駅前で便利だけど、店は狭いよな」というように、その店の改善点、つまり〝あまりイケていない点〟に着目するのではないでしょうか。

だから、そのアンケートに答えた後「うーん……全体的にイマイチのお店だな」という印象を持つことになります。

逆に、「今日、この店で良かったと思う点を3つ教えてください」という質問が書かれていたらどうでしょう?

〝良かった点〟を訊ねられているわけですから、当然「メニューの品数は少ないけど、美味しかったな」「料理が出て来るのは遅かったけど、店員さんは感じ良かったな」「狭い感じがしたけど、駅前で利便性は良かったな」と、その店に関して〝イケてる点〟に注目して振り返るでしょう。

その結果、お店を出るときには、「なかなか良い感じのお店だった」と思えるわけです。

さて、あなたの周りに、「この人と話すと、どうしてもネガティブな話になってしまう」「結局、愚痴を聞かされて終わるんだけど……」という相手はいませんか?

ネガティブな話や愚痴って、聴いているだけでエネルギーが奪われる気がします。なのでポジティブに転換していきたいのだけど、「そんなこと言っていないで、プラス思考でいこうよ!」ってな感じで無理やり切り替えてしまうと、不自然な空気が流れるかもしれないし、「全然気持ちをわかってもらえない！」と相手を怒らせるかもしれません。

そういう場合の、とっておきの方法がこれです。

脳は、質問されたことに答えようとする性質があります。話している相手の意識や視点を変えたかったら、質問を変えれば良いのです。つまり、今までと違う答えを脳が自動的に探すような質問をして、空気を変えてしまえばいいのです。

そんなに深い悩みがない人に「今一番しんどいことって何ですか？」と質問すると、「しんどいこと？　うーん、何だろ、職場の気の合わない上司との関係かな」と、しんどいことに視点が向き、意識に上がっていなかった問題まで作ってしまうことになります。

逆に、悩みが深い人に「これをやっていると時間を忘れるくらい楽しいと思えることって何ですか？」と質問すると、嫌でも悩みとはかけ離れたところに視点が行きます。

それでも「こんなに悩んでいるんだから、楽しいことなんて考えられない！」といわれるかもしれませんが、その場合はさらに質問を変えて「今、一番旅行に行きたい場所はどこ？」と訊ねると、もしかしたら「ヨーロッパに行ってみたい」と答える可能性もあります。行きたい場所のことを考えている状態だったら、悩みに意識が向いていません。

相手の意識の向け先や視点を変えて、空気を変えたかったら、この〝**脳は、質問された**

ことに答えようとする性質〟をさまざまな場面で活用してみてください。

自分が会話の主導権を握りたかったら、質問の視点を変えてみることです。

人は聞きたいように聞いてしまう

ひとつのことを伝えても、こちら側の言葉の選び方と、そして受け取り手の意識状態によって、受け止め方、解釈の仕方がまったく異なることがあります。

第1章で、「同じ出来事でも敏感に反応する人もいれば、何とも思わない人もいる」ような意味のことを書きましたが、まさにそれと同じで、同じことを言っているのに、聴いている人のなかにどんなメモリーがあるかによって、受け止め方が大きく変わります。

私の髪の毛はもともと、かなり強烈なくせ毛です。子供の頃から結構最近まで、人から「くせ毛なんですね」「天パですか？」と言われると、あまりいい気がしていませんでした。

たとえ、相手が「羨ましい」という意図をもって言ってくれていたとしても、悪意があると受け取ったり、「馬鹿にされた」と感じてしまうこともありました。子供の頃に母親が「くせ毛になってしまって可哀想に」と、私のことを憐れんでいたので、「くせ毛は良くないもの」という認識がガッツリと私のなかに入ってしまっているためなのです。

けれども、くせ毛の人みんながみんな、私のようにくせ毛を指摘されると不快に思うわけではなく、むしろ自慢げにしている人もいますし、「パーマがかかりやすくていい」といって、さらにパーマをかけるという人もいるわけですから、くせ毛自体は何も悪いことではなく、単なる個性に過ぎません。

この反応の違いこそ、その人のなかにある〝再生されるメモリー〟の違いです。

こればかりは相手の価値観なのでどうしようもありません。ですから、何かを伝えるときは、「もしかしたら相手は違う価値観を持っているかもしれない」という前提で、できる限りジャッジメント（善いか悪いか）の視点が入らないように、また、自分の価値観の押し付けをしないように伝えることが重要です。

実は、そういった過去の記憶のメモリーの違いによるもの以外にも、聴き手の〝欲求状態〟の違いによって受け止め方、解釈の仕方が違ってくることもあるのです。

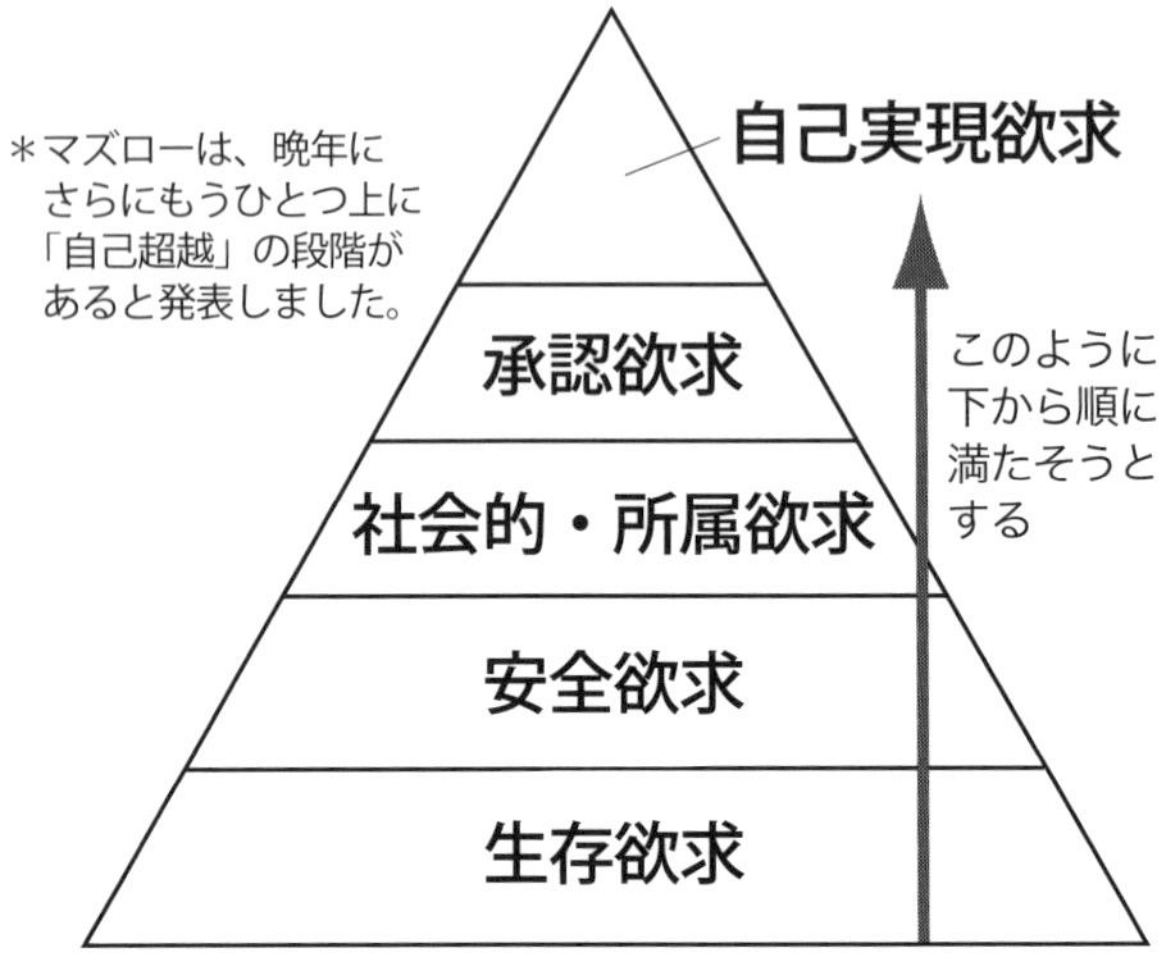

マズローの「欲求５段階説」
図10

「マズローの欲求5段階説」というものをご存知でしょうか。

マズローは、「人の欲求には段階がある」ということを提唱したアメリカの心理学者です。

この説によると、人の欲求には5つの段階があり、この図の三角形の底辺部分から順に満たしていこうとします。

まず、一番底辺である「生存欲求」とは、〝食べる〟〝寝る〟などの、人間として最低限の欲求で、これが満たされれば、次の「安全欲求」を満たそうとします。「雨風をしのげる安全な環境のなかに身を置いて、安心して暮らしたい」という欲求です。

現代の日本人であれば、ほとんどの人がこの2つの欲求はすでに満たされています（こんな本を買ったり読んだりする余裕があるくらいですから)。

さて、問題はここから。

いくら先進国日本とはいえ、3つ目以降の欲求については、満たされていない人がたくさんいます。

3つ目は「社会的・所属欲求」ですが、これは「仲間が欲しい」「どこかに居場所が欲しい」というもの。これを満たそうとして、人は組織に属したり、社会的な居場所を得ようとします。そして、仲間と呼べる人を求めます。つまり「友達をつくる」のです。

仲間や居場所が得られたら、今度は「承認欲求」を満たそうとしますが、これは、「他者から認められたい」「尊重(尊敬)されたい」という欲求です。

さらにそれが十分に満たされたら、「自分の本来の能力を最大限に活かして、創造的に生きたい!」という欲求である「自己実現欲求」を満たそうとし始めます。

私が何を言いたいかというと、

〝聴き手がどの欲求段階にいるのかで、同じことを伝えたとしても、受け取り方が大きく変わってしまう〟ということです。

以前、こんなことがありました。

あるセミナーのアシスタントを募集する際に、過去に受講された方々にメールを送ったことがあります。

何名かの方々が「ぜひやらせて欲しい」と申し出てくださったのですが、そのセミナーの内容的に、誰かにアシスタントをお願いするほどでもないと判断したので、申し出て下さった方々には、メールで事情を伝え、振り回してしまったことに対してお詫びしました。

ほとんどの方々からは「今回は手伝えなくて残念」とか「また声かけて欲しい」という返信をいただきましたが、ある方Aさんには捻じ曲がって伝わったようで、「私は、アシスタントとして認められないのですね」というメールをくださりました。またある方Bさんは「なんだかとても寂しくなりました」とのメールをいただき、とても慌てたということがありました。

振り返ってみると、確かにAさんは以前から「承認欲求」が強い方で、「認めてもらうために頑張る」というタイプの方でした。ですから、こちらの事情でお断りした（私のほうに落ち度があった）にも関わらず、「自分は認められているか、いないか」のモノサシで話を解釈してしまっていたのです。

また、Bさんは確かに「所属欲求」の方だったので、「居場所が得られるか、どうか」というモノサシで、私の話の解釈をしてしまったから、居場所を奪われた感覚になってしまっていたのです。

同じことを、他意なく伝えているつもりなのに、その方の欲求段階によって、受け取り方、解釈の仕方が変わり、本来伝えたかったことがフラットに伝わらず、大きな誤解が生じてしまったことの好例です。

このように、**相手がどんな段階の欲求を満たそうとしているかによって、伝え方を変える**必要があるかもしれません。相手の欲求段階を推測し判断することは難しいですが、相手のいつもの言動を考慮して、「こういう言葉で言って欲しいんじゃないか？」という欲求を先回りした表現をすると、誤解なく伝わりやすくなるでしょう。

第5章
セラピストとしてのQ＆A

Q 「セラピスト」「ヒーラー」「カウンセラー」の違いとは？

A まず、「セラピスト」というのは、一般的に、マッサージなどで身体に働きかけたり、物理的な手法で視覚・聴覚・嗅覚などの五感に働きかけたりする人を「セラピスト」という風潮はありますが、それらの手法に限らず、とにかく**〝癒しをもたらす人〟というものの総称**であると私は捉えています。

手法を問いませんので、会話やアドバイスをすることで癒しをもたらす手法、身体に触れるボディケア、エネルギーワーク、美容面での癒しなど、多岐に渡ります。アロマオイルやお香などを焚いて、リラックスできる時間と空間を提供するのも、セラピーですし、五感にも働きかけるという意味では、音楽家や画家もセラピストであるといえます。

セラピーの手法は無限にありますので、ここで挙げるのはほんの一例で、あくまで大まかな分類をしながらご説明します。

「カウンセリング」は、会話を進めていくことで相手に気づきをもたらしたり、自分で問題解決できる力を身につけてもらったりするものです。

心理的なアプローチで苦しみの原因部分に働きかけるのが心理カウンセリングで、主に自分のなかから答えを引き出す手法としてのコーチングなども、広い意味ではこのカウンセリングの部類に入ります。

そのほか、美容に関して内側（マインド面）からも外側（身体技術面）からもアプローチするようなカウンセリングもあります。

身体に働きかける手法としては、整体やマッサージ、カイロプラクティックなどの「ボディワーク」があります。身体に働きかけるといっても、アロマ（精油）を使うような手法は、身体にも嗅覚にもアプローチしています。つまり、五感すべてに働きかける手法です。

心と身体は繋がっていますから、物理的な手法で身体の改善を行うことで心が軽くなります。逆に、心が軽くなることで、身体の状態が大幅に改善されることも多くあります。

こういった物理的な手法を行う人のことを、一般的には「セラピスト」と呼ぶことが多いかもしれません。

また「ヒーラー」と呼ばれる人たちは、主にエネルギーワークを行っています。

一般的に〝スピリチュアル〟と称される分野でのアプローチ体系です。目に見えないエネルギーバランスを整えるのが目的で、クライアントさんのエネルギーを整えたりすることで、本来持っている力を活性化させます。

気功やヨガ、レイキヒーリングがこれにあたりますし、その他、私が行っている手法のなかには、シータヒーリングというのがあります。これはエネルギーワークを通して潜在意識の中のお掃除を進めるものです。

また、アチューンメント（エネルギー伝授）を受けることによって、そのエネルギーを使えるようになる手法もあれば、テクニックを理解して修練すれば誰でも使えるようになるものもあります。

これらの、どれかが一番優れているということは一切ありませんし、どの手法もそれが必要な人にとっては最高の手法です。どういう人に、どういった手法が合っているのか……といったことは、とても定義づけられませんので、気になる手法があったら、まず一度その手法を受けてみるのが一番です。

Q セラピストとして、一番大事なことは？

A どの手法のセラピストであったとしても、**絶対にやってはいけないこと**があります。

それは、セラピストというのは、クライアントさんに対して、「**自分が変えてあげるんだ**」**という意識で接してはならない**ことです。

どれだけクライアントさんが誤っていると感じても、相手のためを思っていても、決して相手を否定したり、上から目線で話したり、攻撃的な態度で突き放してはなりません。

それは単に、セラピスト側の〝エゴ〟に過ぎません。もしかしたら、相手を変化させることや、相手から「あなたのおかげで楽になりました」と言ってもらえることで、自身の存在意義を認識できるとかで、自分のなかの何かを満たしていませんか？

どういう手法であれ、あくまでもセラピーの**セッションの主役はクライアントさん**です。

もし、自分の意見と違うために「間違いに気づかせてやりたい」と思っても「**この人がこういう在り方や考えに至ってしまうのに止むを得ない事情があったのだ**」と、相手のことを〝わかろうとする〟姿勢が必須です。

否定されると、人は動けないのです。

そして、共感されて初めて自発的に動けるようになるのです。

セラピーというのは「治す」という概念ではなく、クライアントのなかで気づきが起こったり、自発的に自力で改善するためのきっかけの手法に過ぎないものです。だから、〝**クライアントさんの力を信じる**〟こと。これが、セラピストとして必ず持っていなければならない大事なことです。

Q 受講したいセミナーやワークがたくさんあります。どうしたらいいのでしょう?

A はい、気持ちはよくわかります。

そんな状態に陥ってしまっている人を多く見かけます。

心理系セミナー、ワークショップ、エネルギーワークのセミナーを受けると、そこで気づくことがたくさんあり、あれもこれも受けたくなりますし、受ければ受けるほど「まだ自分には何か足りないんじゃないか?」という気がしてくるのでキリがないのです。

こういった状態を〝セミナー依存(中毒)〟、〝セミナージプシー〟といいます。

実は、セミナーに依存しているというより、〝気づきがある状態〟に依存しているといえるのです。これを私は「**気づき中毒**」と表現しています。ですから、この「気づき中毒」を卒業すれば、本当に必要なものだけを選んで学びに行くことができるようになるのですが、実はこの〝気づき〟というのがなかなか厄介なのです。

「過去の○○が原因だったのだ」「本当の自分は○○がしたい（なりたい）んだ」……ということに気がつくと、自分の行動が変わり出します。

本来の目的はそこなのですけど……でも残念ながら〝**気づく**〟**という知的探求心が満たされたときの快感**を得ることが目的になってしまっている場合があるのです。

何かの答えがわかったとき、原因が判明したとき、知らなかった世界観を知ることができたとき、まるでスポーツをした後のようなスッキリ感や爽快感がありませんか？

気づいたときというのは、脳が喜んでものすごい快感を得るのです。これを「**ブレイン（＝脳）キャンディー**」といいます。

そしてさらに残念ながら「うまくいかないのは、こんなトラウマが原因なんだ」と、それを言い訳にしてしまっている人もいます。

ちょっとイヤな言い方ですが、〝行動を起こせない言い訳になる気づきを得るためにセミナーに通い続けている〟人もたくさんいるのです。

また、〝気づき〟だけでなく、**〝手法を習得する〟という「ブレインキャンディー」**の状態に陥る人もいます。

かつてこんな方が私のシータヒーリングのセミナーにお越しになりました。

受講の理由をお伺いしたら、「私はセラピストになるために、いろいろな知識を何年もかけて習いに行ったけど、セラピストとしての活動が怖くてできない。まだ私には何かが足りないのです。私よりも後に勉強をし始めたのに、すっかり人気セラピストになっている人が習得していて、私が習得していないものがシータヒーリングだけだった。だからシータヒーリングさえ習えば、私も活動をするのが怖くなくなるかなと思って……」とのこと。

つまり、「うまくいっている人と同じ武器をひと通り揃えたら、自分もうまくいく」と思われていたようです。

こういう方は、どこかで覚悟を決めない限り、どこまで学んでも「まだ足りない気がする」とブレインキャンディーを追い求めるのかもしれません。

どんな武器（手法）を持っていようが、セラピストとしての覚悟が決まっていないと、それらは何の意味もありません。

実際、私自身は、まずレイキヒーリングと心理カウンセリングだけができるという、ドラクエ風にいうと、「たびびとのふく」だけで城下町を出たようなものなので、今思うと結構無謀でした。実際、活動しながらひとつずつ武器（手法）やアイテムを揃えだして、今に至ります。

誤解のないようにいっておきますが、決してセミナーに行くのがダメだとか、意味がないとかいうことではありません。セミナーじゃないと得られない知識もたくさんありますし、そこで得られる出逢いも人生を変えるものかもしれません。

実際、私もセミナーを開催していますし、過去に合計1千万円以上の投資をしていくつもの講座やセミナーを受講しているから今の自分があります。

セミナーを受講するたびに、ちゃんとステップアップしている自覚があるのであれば良いのですが、「気づきはいっぱいあるのに、現実が変わっていない」「まだまだ足りない気がする……」。

こんなことを感じている人は、「これらを解消してくれるセミナーは？」と探すのではなく、いったんセミナーに行くのをやめて、セミナーで学んだことを日常で活かすようにしてみることです。

「〝気づくこと〟が目的になっていないか？」「セミナーを受講することで前に進んでいる気になっていないか？」と、自分に問いかけてみてください。

Q どうしたら依存体質をやめて、自立的に生きられるのですか？

A ある方が「自分は〝依存体質〟ではないか」とおっしゃっていました。

「依存体質」とは、何かにつけて誰かに依存してしまいがちということのようです。

そもそも、「依存」ってどういう状態なのか？　ということを辞書で調べてみました。

〝「依存」とは、他人や組織、モノに愛情や支持、保護、援助を求め、それがなくては生きていけない状態〟——だそうです。

依存的ではなく、ちゃんと自立している人ほど「自分は何ができて、何が足りないか」ということをちゃんとわかっているわけですから、うまく頼ったり、甘えたりして支持や保護、援助を求めています。

むしろ、誰かに適切な援助を求めているように思います。

つまり、〝依存体質の人が求める援助〟と、〝自立している人が求める援助〟は、「それがなくては生きていけない状態かどうか」という点が大きく違うということになります。

しかも、その質に、大きな違いがあるように思います。

その違いが感じられるのは、〝援助を施した後〟のことです。

自立している人から何か頼まれごとなどを受けて援助をした際は、援助した側のことを汲み取った**〝感謝〟**の気持ちが返ってきます。それは、お礼の言葉や行為のような形じゃなくても、その援助をした人に対しての配慮の気持ちが伝わってくるのです。言葉の端々だったり、メールでの言葉の選び方だったり、表情、態度からも滲《にじ》み出てくるものです。

ちなみに〝感謝〟の反対は、何かというと……はい、**〝当たり前〟**です。

依存体質になってしまうと「その援助がないと生きていけない」わけですが、援助してもらえることが、ありがたいことだと気がつく前に、その状態が〝当たり前〟になっているのです。

もちろん〝感謝〟もされていると思うのです。でも、その援助をしてくれた相手がどれだけの時間や労力を使ってくれたかまでの気遣いという点で、その〝感謝〟の質と深さが、自立的な人とは大きく違うのかもしれません。

たとえば、まだ義務教育を受けている子供は、親に〝依存〟して生きています。これは健全な依存です。

この年齢の子供をもつ親は、子供を養育する〝義務〟があるわけですから、子供にとっては親からの援助を受けることが〝当たり前の権利〟なのです。ですから、たとえ親に感謝していたとしても、自分が大人になって、どれほどの労力を使ってくれていたかを知ってから感じる親への〝感謝〟の質と深さはまったく違うものです。

つまり、〝依存〟の状態で何かをしてもらうということは、権利だけを主張しているのと同じだということです。

実は、Qの「自分は〝依存体質〟ではないか」とおっしゃっていた方は、開業当初からのクライアントさんですが、最近しんどいことがあったようで、メールで「助けてください」とメッセージをくださり、メールカウンセリングのようなやり取りが始まったのです。

私のメニューには、メールでのカウンセリングというものはありませんが、大事なクライアントさんなので、その方には無償で何度もやり取りをさせていただきました。

だけど、そのこと自体を〝当たり前〟と受け取られていたのでしょう。こちらの手間や時間のことを気にされる様子すらないのです。

私も別に感謝されたくてやっているわけではないのですが、あまりにも〝当たり前〟のようにメールの返信を要求されるので、さすがに途中でやる気をなくしました。

もしかしたら、自分は援助されて〝当たり前〟な存在なのだと思っていらっしゃるのかもしれない。〝当たり前〟に援助される存在だから、「次を！　次を！」と求めてしまう。そんな存在だから、援助してくれる人に〝依存〟しないと生きていけない。

〝頭〟では「これは依存だ」とわかっていて、その状態から脱却したいのに、〝感覚的〟には〝当たり前〟と思っているから援助を求めることをやめられない。

こう考えると、〝依存体質〟の方も、とてもしんどいのだと思います。だから、依存体質から抜け出せないのであれば、〝感謝〟の心を持つことを意識してみて欲しいのです。

でも、そもそも〝感謝〟は〝湧き出てくる〟ものであって〝する〟ことじゃないですね。

〝湧き出させる〟ためには、まずその源泉を見つけなければなりません。**〝感謝〟の源泉**です。

今まで自分が、どんな人に、何をしてもらったか、それによって、どう助かったのか、
その人はどんな想いで、どれだけの労力と時間を使って手を差し伸べてくれたのか、そし

て、**それらのことを、自分がどう感じているのか**ということを振り返って、〝感じて〟みて欲しいのです。思考ではなく〝感覚〟で。それだけの〝感謝〟の源泉が自分のなかにあるということを、まずは感じてみて欲しいのです。

自立的な人は、あらゆるものに感謝をされているようにお見受けします。他人に対して、モノに対して、目に見えない何かに対して、自然物に対して、天気にさえ感謝の心で接していらっしゃるように見受けられます。

感謝があるから、自分も、他人、モノ、自然物にお返しをしようと思える。だから、勝手に言葉に力がこもるし、行動も変わってくる。その「お返しをしよう」とする、その行為・行動が「自立」という状態を創っているのではないかと思うのです。

Q 知識や手法を最短で習得する効果的な方法は？

A 私自身、自分でいうのも何ですが、物事を習得して自分のモノにしてしまうスピードは速い方だと思います。

やり始める時は、「うわー！　これは大変やなぁ！　覚えられるかいな」と思っていても、だいたい同じ時期に始めた他の人よりも要領を掴むのが早いようです。

これは、決して私が優秀だとか、要領が良いとか、そんなことは一切ありません（むしろ、前述のようにどちらかというと私の能力は何に関しても平均レベルなのです）。

私は、セラピー関連の手法に限らず、習得当初から、「どうせ習得するのなら、**人に教えられるレベルになろう**」と決めて習います。つまり、〝**人に伝えることを前提**〟にしながら覚えているのです。

実際に本当に人に教える機会があるかどうかは、習っている最中はわかりません。でも、〝覚える気〟になって覚えようとしなくても、〝誰かに伝える〟つもりで習得していると、脳は勝手に要領よくインプットしてくれるのです。

実際、〝覚える気〟だけではなかなか覚えられないものもあります。たとえば料理などは、私は誰かに教えることにまったく興味がないので、何度もレシピを聞いているはずなのに、毎回毎回「かぼちゃのスープってどうやって作るんだっけ？」と実母に訊ねている始末です。

「頑張って覚えよう」「習得しよう」としなくてもいいのです。それよりも、ただ〝誰かに伝える〟という気持ちで習うだけで習得のスピードが全然違うのです。

Q 好転反応ってあった方が良いの？

A 好転反応というのは、この字のごとく「好転するときに顕れる反応」のことで、一般的には不快に感じる症状のことをいいます。

もともと、身体の状態が改善するときに出る症状として使われますが、老廃物や毒素のような、身体のなかの悪いものが外に出てくれるような症状で、たとえば鼻水や下痢などです。

副作用や離脱症状と間違えられやすいのですが、「好転反応」は〝好転する時の症状〟ですので、異なるものになります。

さて、セラピーを行った際や、自分のマインド面で大きな癒しや変化が起こった際にも、こういった好転反応が出ることがあります。心と身体は繋がっていますから、身体の老廃物が外に出るような症状として出ることもあります。

以前に、臼井式レイキのアチューメント（レイキが使えるように伝授を受けること）の帰りの電車のなかで大量の鼻血が出て、それから約1か月間、毎日のように鼻血が出ていたという方もいらっしゃいました。

そしてもちろん、心の老廃物が感情として出てきて、今まで抑制し蓋をしてしまっていた感情が一気に出てきて、しんどい時期を過ごされる方もいらっしゃいます。

好転反応として出やすい感情は、主に怒り（イライラ）だったり、落ち込む感覚だったり、「本来は、自分のなかに強くあった感情なんだけど、感じないようにしていたもの」や「毎度おなじみの感情」が出てきやすいようです。

これを一般的に〝浄化〟と呼びます。こういった感情が出ているときは、とてもしんどく感じますが、これは一時的なものなので必ず治まります。そして、治まったら〝何かを乗り越えた自分〟になっていますので、安心して浄化を楽しんでください。

ただ、**「好転反応が出た方が好転する」というわけではありません。**

かなりの浄化が起こっているのに、心身ともにまったく症状が出ない方もいらっしゃいますし、むしろそういった方の方が多いのです。また、浄化とは関係なく、ただ単に不摂生が原因で心身に異常をきたしている場合もあります。

「大きな好転反応が出た方が、浄化力が高い」といったような認識があるようであれば、身体は勝手に好転反応の症状を作ってしまいます。

前述の通り、〝人は思い込みを実証しようとする〟のです。「好転反応が出た方が良い」という〈思い込み〉を持っていたら……身体の何十兆もの細胞は、全力で好転反応らしき症状を引き起こします。つまり、わざわざ苦しい自分を創ってしまうのです。

ただでさえ日本人は**「苦しめば苦しむほど成長できる」とか「成長するためには苦しまなくてはならない」**という〝根拠のない思い込み〟を持っている人が多いのです。

わざわざしんどい道を自ら選ばなくても、ちゃんと成長できます。

また、「好転反応が出たから好転する」といった認識は、結局のところ症状や出来事に対する**〝依存〟**だと私は捉えます。

結局、「症状が出てくれたら、自分は成長できるんだ」ということなので、**「自分の意思ではない何かがないと変化できない」**という依存心の現れです。つまり、**「自分の意思で人生を変えるんだ」という〝主導権〟**を握っていないことなのです。

好転反応が出ようが出まいが関係なく、どんどん自分の意思で変化していって下さい。

Q 水を飲むといいのですか？

A はい。先述の〝浄化〟のためにも、水をしっかり飲むと効果的です。

「水分をたくさん摂って」という意味ではなく、色のついていない水（ミネラルウォーター）が、より良いのです。ミネラルウォーターは、人が身体に摂り入れる飲食物の中で、最も高波動といわれています。高波動なものを取り入れると、それと同調して、自身も高波動になりますので、良質の水は飲むだけで波動がアップします。

ものにもよりますが、私たちが習慣のように飲んでいるコーヒーなどは、あまり波動が高いとはいえません。でも、私はコーヒーが好きなので毎日飲んでいます。

好きなのであれば、我慢する必要はなく、適量であればさほど神経質にならずに飲んで大丈夫です。それによってガクンと波動が下がるなんてことはありません。ただ、飲み過ぎると身体にも波動的にもよくないので、私も「コーヒーは一日に多くても2杯まで」と決めています。

面白いのは、**「身体が欲するものと、そのときの自分の波動状態は引き合う」**ということです。

前述のように、「同じ周波数同士のものは引き合う」のですから当然のことで、自分の波動が高い状態であれば、高波動のものを摂り入れたくなります。逆に、波動状態があまりよろしくないときは、ジャンクフードなど波動があまり高いとはいえないようなものを欲してしまいます。

精神的に疲れているとき、何だかジャンキーなものを食べたくなったりしませんか？

私は、気分が落ちているときはインスタントのカップ焼きそばや、ファーストフード店のものなど、高波動とは言い難いものを食べたくなります。逆に、波動が高まったり整ったりして来ると、自然に高波動のものを摂り入れたくなります。

よく聞くのが、「食べ物の好みが変わった」という話です。

臼井式レイキの伝授を受けたYさんは、「以前は1日に10杯ほど飲んでいたコーヒーを、今はほとんど飲まなくて水ばっかり飲みたくなっている」と話していました。

私も以前は、毎日の飲酒習慣がありましたが、今はお酒を飲まなくても平気になりました。また、「タバコをやめられた」という方もよくいらっしゃいます。

自分の波動が上がると、それまで引き合っていたために口にするのが当たり前だった低波動のものを「我慢できている」というよりも、自然に「**そんなに欲しくなくなった**」と感じられるようになります。そして、今の自分に引き合っている高波動なものが自然に欲しくなるのです。

ですから、何も無理して高波動のものだけを摂ろうとする必要はありません。「**そのときの自分が、何を欲しているか**」**が、波動状態のバロメーターである**ことを認識していれば、客観的に自分の状態がわかります。状態がわかると対処できます。

Q どうしても気分がスッキリしないときは？

A 嫌なことがあったり、自分の嫌な面が見えたり、問題が起こったりして悶々《もんもん》としたとき、「これで心が軽くなるよ」という心理的アプローチはたくさんあります。

でも、それらを実践しても、どうしても気分が晴れないという時は、いったん〝マインド〟の部分から離れて、身体の方に働きかけてみることをお勧めします。

私が尊敬してやまない〝お笑いセラピスト〟の尾﨑里美先生が、以前、「**私たちは個々の小宇宙である**」というお話をしてくださりました。

「**小宇宙**（＝私たち）」のなかにある

「**曇り**（＝悩みやモヤモヤしたもの）」を、

「**風**（＝呼吸）」が吹き飛ばしてくれて、

「**雨**（＝水分、つまり涙や汗など）」として流されて、

「**小宇宙**（＝私たち）」から排出されることで、

スッキリと、心が「**晴れる**」ワケです。

焦っていたり、不安があったり、怒っていたりして、心のなかが何かモヤモヤしているときは、どうしても呼吸が浅くなってしまいます。

風が吹かないから、心の曇りが吹き飛ばせない。だからモヤモヤがなくならない。つまり、心がモヤモヤするときほど、意識的に呼吸をゆっくり、深くする必要があるのです。

そのために「呼吸法」というものがあるのですが、「呼吸法でうつが治った！」「呼吸法で痩せた！」……というお話を耳にするのは、とても理に適っているのです。

ちなみに、脂肪というのは心のなかの曇りを守っているのです。ストレスがたまるとついつい過食に走ってしまう、というのは、無意識の部分で「曇りを守るための脂肪を蓄えなきゃ！」と思っているのかもしれません。

そして、心のモヤモヤは、しっかりと洗い流す必要があります。それを洗い流してくれるのが、雨（＝水分）、つまり涙や汗などな

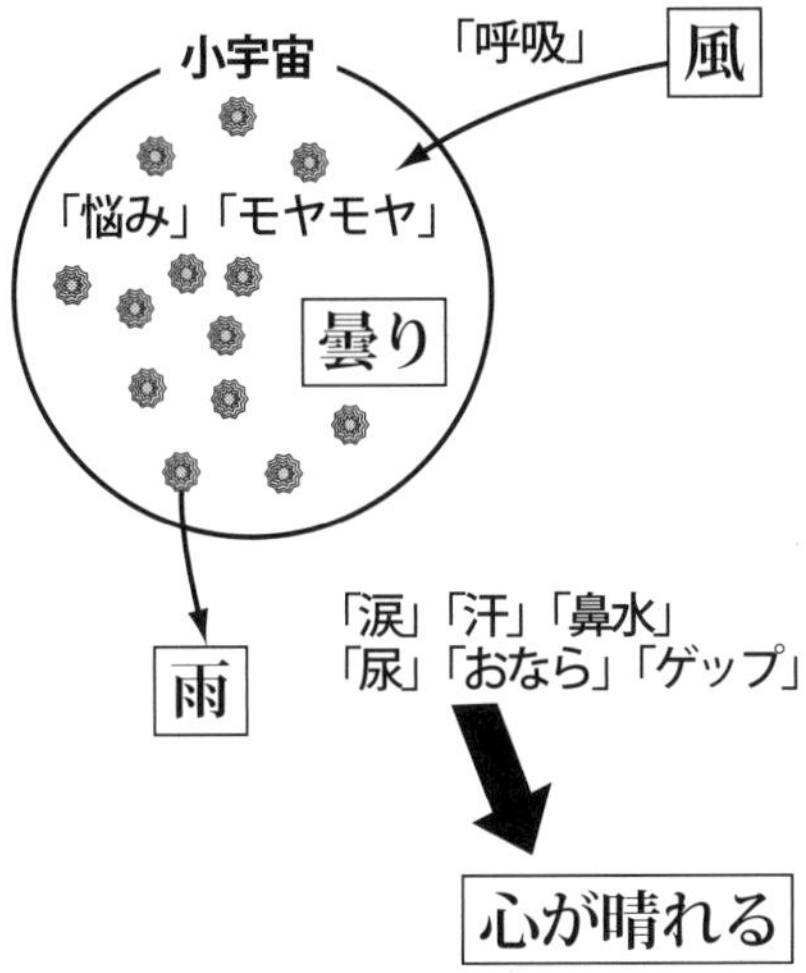

図11

のです。

よく、エネルギーワークなどを受けると「浄化のために、しっかりとお水を摂って下さいね」と言われることがあります。あれは、吹き飛ばされつつあるモヤモヤを、しっかり体外に出してしまうために必要だからなのです。

そして、「**涙」は最大の浄化アイテム**です。確かに、泣いて問題が解決するわけではありませんが、一晩泣き明かして、ケロッと「案外、たいしたことなかったよね」と、自分のなかで勝手に問題を大きくしてしまっていたと気づくこともしばしばです。

汗でも、涙でも、尿でも、身体から不要な水分を出してしまえば、スッキリします。運動して汗をかくと、理屈じゃなく気分がスッキリした、という経験ってありませんか？

問題解決の近道は、まずは自分のなかから出すべきモヤモヤしたものを流してしまうこと。だから、モヤモヤするときほど、身体から出せるものを出すために、呼吸を深ーく、長ーくして、そして水分をたくさん摂って外に流し出して欲しいのです。

よく「泣きたくても泣けないんです」という方がいらっしゃいますが、そういう方は汗をかくことをお勧めします。苦手じゃなければサウナや岩盤浴も効果的です。

このように、心のモヤモヤを吹き飛ばして、〝晴れた〟状態にする方法は、行動レベルでも、実はたくさんあるのです。

Q　**「ヒーリング」「リーディング」「チャネリング」の違いって？**

A　こういった、一般的に「スピリチュアル」といわれる世界に触れ始めたとき、私も確かにこれらの違いはよくわかっていませんでした。

まず、**「ヒーリング」は〝変化を起こす〟こと**を指します。

前述のように「ヒーリング」の語源は<heal>だと申しましたが、癒しをもたらすように、何かしらの変化が起こるのが「ヒーリング」です。

他の二つの「リーディング」と「チャネリング」は、「ヒーリング」とは異なり、変化を起こすものではなく、**〝状態を読み取る〟**ことをいいます。この二つは、実際ほぼ同じようなことを指していますが、厳密にいうと、「チャネリング」という手法を使って、「リーディング」がなされます。

「リーディング」の語源は<read>で、〝読み取る〟という意味ですから、文字通り、人やモノなどの**状態を〝読み取る〟**ので、モノの意識や人の身体の状態、潜在意識のなかにある凝り固まったものなどを読み取ることができます。たとえば、「胃が疲れていそう」とか「深い罪悪感を抱えている気がする」という感じです。

テクニックによっては、その人の将来を読み取るようなこともできますし、ハイヤーセルフ（高次元の自己）や守護霊の意識にアクセスして、それらの存在とコンタクトを取ることもできます。

さて、この〝アクセスしてコンタクトを取る〟ための手法が「チャネリング」です。「チャネリング」の語源は<channel>で、たとえばテレビを観みるとき、そのテレビ局に「チャンネル」を合わす。それと同じことを、〝意識のみ〟で行う。それが「チャネリング」です。

つまり、観たいもの、コンタクトを取りたいものに**意識の「チャンネル」を合わせてアクセスするから、それを〝読み取る〟ことができます。**

「チャネリング（＝意識の周波数を合わせる）」と「リーディング（＝読み取る）」の違い、ご理解いただけましたか？

Q どうして「リーディング」ができるの？

A 「意識の〝チャンネル〟を合わせてアクセスするなんて、ものすごく難しそう！」と思われたかもしれません。私も最初はそう思っていました。

実際、私には霊感といわれるような能力は一切ありませんし、目に見えない世界と自分は無縁だと思っていました。そんな私でも、しっかりとリーディングができています。

今では、勝手にチャンネルが合ってしまって、必要な情報が入ってくるほどです。

最近では、クライアントさんと話している最中に、ふと、ある芸人さんに似た男性の姿が頭に浮かんだので、「笑顔が○○さん（芸人さん）に似ている男性って身近な方にいますか？」と訊ねたら、「それ、うちの主人です」とおっしゃることがありました。

また、関西在住のある方と話しているときに、何となくその方が東京に住むイメージが湧いてきたのでお伝えしたら、その数日後にご主人の転職が決まって、その勤務地が東京だったということもありました。

こんな感じで、私のような普通の人でも、トレーニング次第で誰でもリーディングが自然とできるようになります。リーディングができるようになる、というよりも、もしかし

潜在意識のしくみ

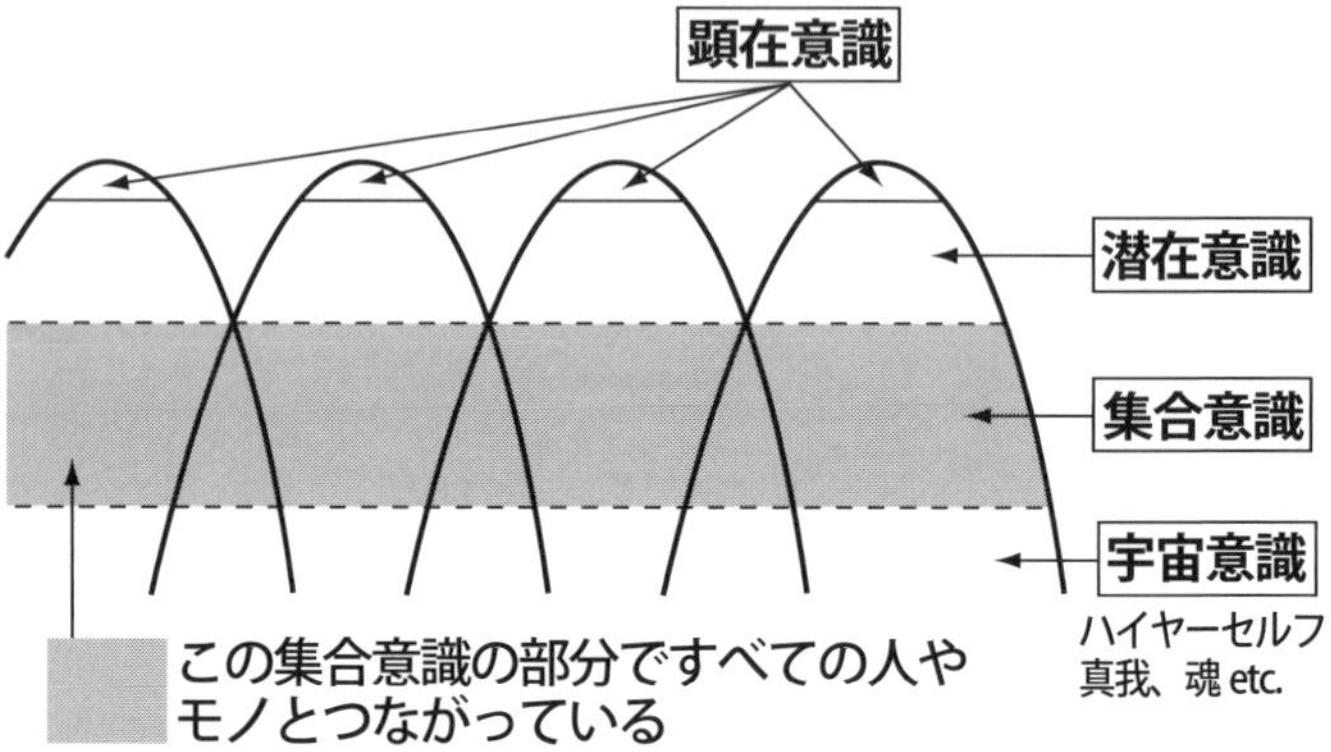

図 12

たら「直観が鋭くなる」といった方が正しいかもしれません。

では、なんでこんなことが可能なのでしょう？

そして、どうして誰でもできるのでしょう？

こんな経験はないですか？

ふと、「そういえばあの人と最近会っていないけど元気かな？」と思った瞬間にその本人からメールが来たとか、誰かと同じタイミングで同じ言葉を発したとか、「この人と、このタイミングで、ここで会うなんて！」という再会があったとか、そんな偶然の一致を一度や二度は体験していると思います。

このようなことが起きるのは、ちゃんと理由があります。

それは、〝**すべての人・モノは、集合意識で繋がっている**〟からなのです。

「集合意識」というのは、潜在意識（無意識）のなかの、より深い領域にあります。

表層的な意識である「顕在意識」では、私たちは個々の存在ですが、無意識部分ではもともとしっかりと繋がっているので、自分の意識の〝チャンネル〟が、「集合意識」に合いさえすれば、他の人（モノ）の意識と繋がる……ということになるのです。つまり、自分の無意識部分にアクセスすることで、他の人やモノに対するチャネリングができるので、決して特殊能力などではないのです。

Q 未来がわかるのはなぜ？

A どうして「こういうことが起こるよ」というように、〝**未来**〟についてのリーディングができるのかが不思議ですよね。
決して占いではないけど、ほぼドンピシャに未来のことを言い当てることだってできるのです。これは、自分やその当人の、やはり無意識部分に〝チャンネル〟を合わせることで、未来のことを読み取っています。

ただ、それはあくまで「このままだったら、こういう結果になるよ」という、**現在の延長線上**のことをリーディングしているのです。つまり、**その時点での**１００パーセントの事実を読み取っているのであり、完全な未来予知というわけではないのです。

実は、私たちは常に「この先、こういうことをする」「こういう出来事に出くわす」ということを、無意識に決めてしまっています。〝無意識〟ですから、表面的にはまったくわかりませんし、顕在意識（表面意識）で望んでいないことを決めてしまっていることだって多々あります。

しつこいくらいに述べているように、人は〈思い込み〉を実証しようとしますから、常に無意識は「その〈思い込み〉通りの未来を創るぞ！」とエネルギーを注いでいます。

ということは、現時点での自分の無意識にアクセスして、「この先、どうなると決めているか」、つまり、自分のなかにある〈思い込み〉を読み解きさえすれば、この先の自分がどんなことをして、どんな出来事に出くわすかが読み取れる、ということになります。

手相などはその好例で、手に出ている相の通りのことが起こるのではなく、その人の無意識が「こうなるんだ！」と決めているものが、手に現れるのです。だから、よく「手相はどんどん変化する」というのです。あれは、自分の無意識の「こうなるんだ」と決めている、その部分がどんどん変わっているからなのです。

無意識部分にある〈思い込み〉を変えていくなどして、〝自分のなかのお掃除〟が進めば進むほど、理想的な未来に繋がります。

つまり「今の自分が変われば、未来がどんどん変わる」――何だか哲学的です。

Q　潜在意識とのコンタクトの仕方は？

A　では、意図的にチャンネルを合わせて、他人のことや未来のことをリーディングするにはどうしたらいいのでしょう。

これは〝**脳の使い方**〟がポイントになるのです。

脳には、基本的に5つの脳波状態があるといわれています。

私たちが日常で普通に思考したり判断したりしているときは、「**ベータ波**」という波形の脳波になります。五感から入ってくる情報を、自然に判断している状態です。

たとえば、空の色を見たり、湿度を感じたりして、「午後から雨が降りそうだ」と、軽い思考状態で**自動的に状況を判断**できているような状態です。そして、さらに活発な思考状態に入ると、「**ガンマ波**」という、「雨が降りそうだけど、洗濯ものを庭に干してきてしまった。どうしよう」というように、脳が一生懸命思考しているような状態の脳波になります。

実はこれら2つの脳波は、無意識部分にアクセスして〝チャンネル〟を合わせるのに、まったく**ふさわしくない脳波**なのです。つまり、思考に入っている状態というのは、チャネリングとはかけ離れた状態で、「思考状態」ではないときの脳波こそ、無意識部分に繋がりやすいということがいえます。

無意識部分にチャンネルが合うのは、「**アルファ波**」「**シータ波**」という脳波です。

「ベータ波」より、脳の動きが緩やかな状態、つまり、より思考が止まっている状態になると、「アルファ波」という脳波になります。

ボーッとしているときの脳波で、たとえば温泉に浸かってぽや〜んとしているときなど、リラックス状態に発生しやすい脳波ですから、とにかく気持ちがいいのです。よく「アルファ波になるＣＤ」などがありますが、あれは決してスピーカーからアルファ波のような

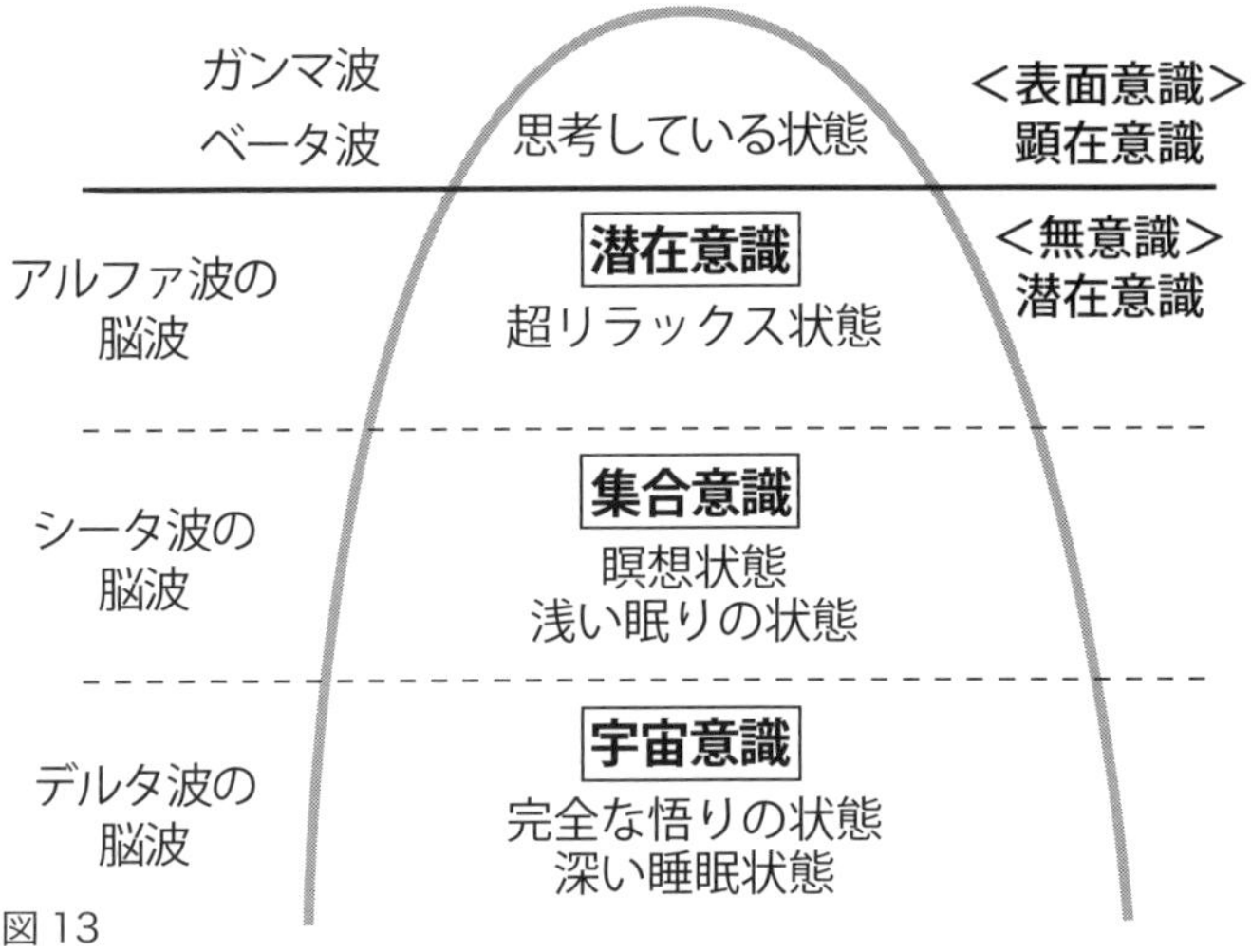

図13

ものが出ているというわけではなく、その音楽を聴くことでリラックスして脳波が緩やかになり、アルファ波になりやすいというものです。

この「アルファ波」は、無意識部分の比較的浅い部分にアクセスできる脳波です。

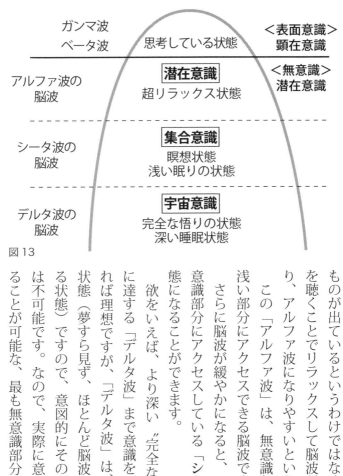

さらに脳波が緩やかになると、これが最も無意識部分にアクセスしている「**シータ波**」の状態になることができます。

欲をいえば、より深い〝完全な悟りの意識〟に達する「デルタ波」まで意識を到達させられれば理想ですが、「デルタ波」は、深い睡眠の状態（夢すら見ず、ほとんど脳波が止まっている状態）ですので、意図的にその脳波にするのは不可能です。なので、実際に意図的に到達することが可能な、最も無意識部分にアクセスしている状態が、「シータ波」の脳波なのです。

この「シータ波」という脳波が、これまた凄いのです。この脳波こそ、前述の**意識の〝チャンネル〟を「集合意識」に合わせることができる脳波**なので、自分以外のあらゆるものと意識を繋げることができます。

もう少し砕いていうと、この脳波のときに他の人の意識と無意識的にアクセスしていて、無意識的に打ち合わせをしたりしているのです。

たとえばこんな感じです（以下、友人との無意識レベルでのやりとり）。

私　「最近会っていないけど、元気にしている？」
友人「んー、ちょっと最近落ち込んでて……」
私　「じゃあ、今度食事にでも行こうよ～」
友人「そうやね！　そうしよう！」
私　「来週の水曜日、だいたい20時頃に駅前でバッタリ会おうよ」
友人「ＯＫ！　じゃあ私も行くね」

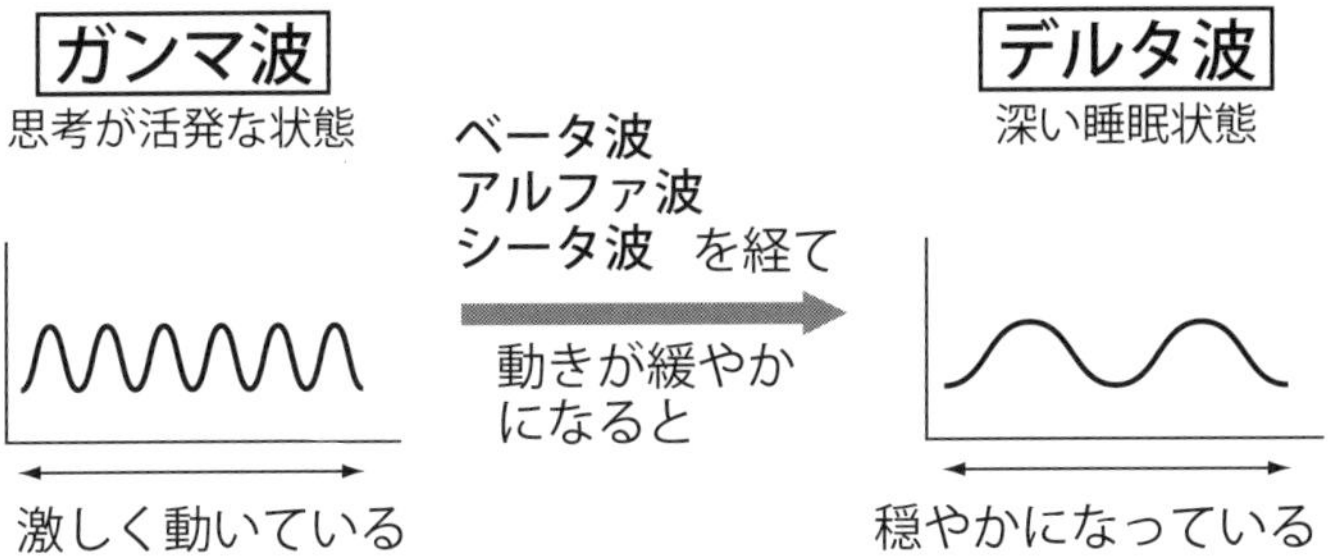

脳波計で測定したときの結果

図14

という会話が無意識のレベルで行われるのです。しつこいようですが、あくまで無意識的に……です。

そして、翌週の水曜日に、**信じられないような偶然のように**、私たちは出会うわけです。

「えー！　このタイミングで、ここで出会うなんて！」
「ちょうど、元気かなーと思っていたところだったの！」

という、顕在意識的には信じがたい〝偶然〟が起きたと感じるのです。こういう「何かすごいものに仕組まれているとしか思えない」という出来事、誰しも一度や二度くらいは体験したことがあるのではないでしょうか。

これらすべて、「集合意識」にアクセスしているときに、無意識的に入念に打ち合わせされているからこそ起こるのです。

「集合意識」にアクセスしているときに起こることは、

このような偶然の一致のような現象だけではありません。自分の〈思い込み〉を実証するためのあらゆる手段も、この状態で実行されます。つまり、無意識のところで「こうなるんだ」「こんなことが引き起こされるんだ」と**決めていることが実行される**ために、「集合意識」であらゆる人やモノと繋がって、その事実を創り上げようとするのです。

「自分は失敗するんだ」と、自分のなかで決めている（思い込んでいる）のであれば、「ほらね、失敗したでしょ？」というために、あらゆる人やモノと「集合意識」で繋がって、失敗する準備を始めます（192頁の図12参照）。

「自分は騙されるんだ」ということを決めている（思い込んでいる）のであれば、「ほらね？」というために、「集合意識」にアクセスして「誰かー！　騙したい人はいませんか！」「はーい！　私は〝人を騙す〟ということを決めていたので、騙させてくださーい！」と、騙してくれそうな人を探し出して、無意識部分で繋がって、そしてそれが現実レベルで起こるように〝入念な打ち合わせ〟を無意識的に行うのです。

「集合意識」にアクセスしている状態というのは、現実を一気に創り上げてしまう、すごい状態なのです。そして、そこにアクセスし、打ち合わせしている状態は、脳波が「シータ波」の状態になっている時に起きているのです。

Q どうすればシータ波になるの？

A 基本的に、「シータ波」には、眠りにつくかつかないかのウツラウツラした状態や、目覚めかけの浅い眠りの状態のときになっています。辻褄《つじつま》の合わないような夢を観たり、「自分がこんな夢を観るなんて……」という夢を観ることがありませんか？

そういった夢は、脳波がシータ波になっているために、意識が潜在部分にアクセスして、そのなかにあるものが表面意識（顕在意識）に上がってきて観せられているのです。

思いもよらなかったアイデアが浮かぶのも、この潜在意識や集合意識にアクセスして、表面意識に上がってくるからひらめくのです。つまり、ひらめきというのは、神がかりなものが「降りて来る」のではなく、本当は自分のなかから「湧き上がってくる」わけです。

直感的なアイデアが浮かぶときのように、実は浅い眠りの状態以外にも、日常のなかで知らず知らずのうちにシータ波の脳波になっているのです。

シータ波の状態というのは、思考状態ではない〝集中状態〟のときになる脳波です。これは一般的に〝トランス状態〟といわれるもので、たとえば高速道路を運転しているときや、シューティング系のゲームに熱中しているときなど、とくに思考をすることなく集中している状態のときは、脳波がシータ波になっています。

これが高速道路ではなく一般道を運転していて「信号がもうすぐ変わりそうだ」とか「次の角を右折できるかな」といった思考をしている状態や、ロールプレイングゲームで次の動きをアレコレ考えているときなどは、ベータ波やガンマ波になります。

つまり、日常のなかで**「無心になって思考が止まっている集中状態」**では、必然的にシータ波になっているのです。

また、入浴時にシータ波になることがあるそうです。お湯に浸かってリラックスしているときはアルファ波なのですが、身体や髪を洗っているときはシータ波になっています。

私はよく、シャンプーをしている最中に「どうして今まで思いつかなかったのだろう？」というくらいのイケてるアイデアが浮かんできます。

入浴中だけでなく、日常の習慣になっているような作業を行っているとき、ふとアイデアが浮かんで来たりしませんか？　つまり、**習慣になっていて無心で（思考しなくても）勝手に体が動くような作業をしているときに**シータ波になっているのです。

人によっては、お料理をしているとき、掃除をしているとき、通勤途中の道を歩いているとき、歯磨きしているときなどにシータ波になるようです。

その、思考をしていない無心の集中状態を意図的に創るのが**瞑想**です。

瞑想は、心穏やかに、ただ無心になって自分の潜在意識の深い部分にアクセスして、自分の本質的な「真我」の部分と一体になること（悟り）が目的です。

その他、滝に打たれたり、ヨガでポーズを取ったりするのも、この意識に到達するための手法です。滝に打たれると痛いですし、そして冷たい……そういった状態を作ることで、嫌でも意識が身体に向き、思考が止まります。

ヨガで普段ならやらないような、ちょっと無理なポーズを取るのも同じことです。意識が身体に向いて、その間は思考に意識が向かない状態になります。つまり、何もなく瞑想状態を作るのは難しいから、身体に意識を向けることで、思考をしていない無心な状態を作って、潜在意識（無意識）にアクセスしようとしているのです。

潜在意識や「集合意識」にアクセスできる状態は、こうやって脳波をシータ波にすることで創られています。

Q　直観力を高めるには？

A 自分の意識を無心の集中状態にして、無意識部分（潜在意識や集合意識）にアクセスさせることで、リーディングができるわけですが、その精度は、やはり訓練すればするほど上がってきます。

そう、直観力がどんどん鋭くなってくるのです。直観力をつかさどっている脳の部位は、筋肉のようなもので、使えば使うほど発達してきます。

私も、もともと特別な能力などありませんから、やり始めた頃は、リーディングをする自信がまったくありませんでした。だけど、やればやるほど、「なんでそんなことがわかるの！」と驚かれる（自分も驚く）ほどのリーディングができるようになってきたのです。

精度を上げるためには訓練するのが一番ですが、効率よく訓練するために知っておいた方が良いことがあります。

直観力をつかさどっているのは、脳の中の「**脳梁**《のうりょう》」といわれる部位です。

この脳梁は、右脳と左脳をつなぐ、言わば〝橋渡し〟のような役割をしています。

ご承知の通り、**〝右脳〟はイメージ（映像や感覚）や創造性、芸術性を、〝左脳〟は理論や言葉、知識をつかさどっています。**私たちは、右脳で捉えた情報（映像や感覚）を、瞬時に左脳に伝達することで、「それが一体何なのか？」を判断しています。

たとえば、色や形という視覚情報や、持った感じの重さ（場合によっては匂いなども）といった体感覚情報などを〝右脳〟でキャッチします。キャッチしただけでは、それが一体何なのかが判断できません。ただ観ている、感じている……という状態です。

その情報が〝左脳〟に送られて、「この色、この形、この重さ、この香り……これは〇〇だ」と、左脳が判断するのです。つまり、**何かを理解したり判断したりするのは、右脳と左脳の連係プレーによるもの**なのです。

この**脳梁は、使えば使うほど発達して太くなります。**太くなれば情報の通りがよくなりますので、さらにこの連係プレーの速度が速まり、瞬時

脳と脳梁

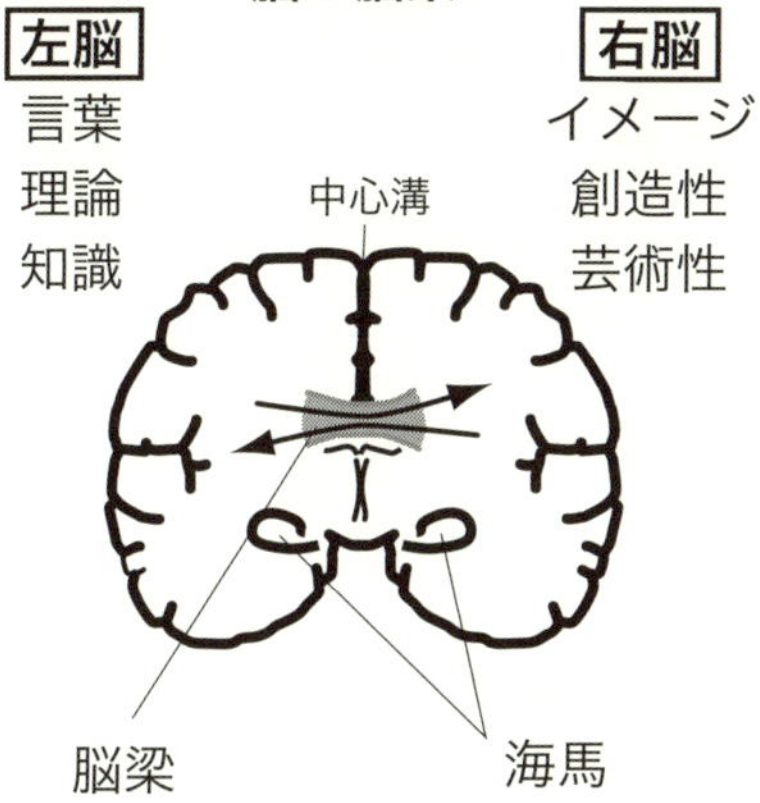

図15

に判断ができる、いわば「頭が良い」という状態になります。そして、さらに発達すると「**直感が鋭い**」**状態**に達します。

なぜなら、五感で得た情報から瞬時に何かを判断する、そのスピードが格段に上がるわけですから。

たとえば、目の前にいるパートナー（配偶者など）が、ただ単に携帯電話を触っているのを観た（右脳が五感で情報を得た）だけで、その瞬間、「あれ？　なんかいつもと違う気がする……怪しい」と、（左脳が）判断して、「もしかして、浮気してる？」と根拠もなく感じるような、そんな感じです。

一見、いつもと同じはずなのに、五感から入ってくる情報によって、理屈じゃなく、何だか違和感を抱いて、匂いでわかるような、瞬時に「いつもと違う」と判断できるというのが脳梁の太い人の能力なのです（五感を越えた感覚なので、それを〝第六感〟というのですね）。

実は、一般的に男性よりも女性の方が、脳梁が太いといわれています。ですから、女性の方が勘が鋭い人が多いわけです。

さて、脳梁を太くするためには鍛えればいいのですが、鍛え方としては、右脳と左脳の間でたくさんの情報をやり取りすると効率的です。

具体的には、こんな感じです。

①右脳から入ってきた情報を、左脳でできるだけ明確に言語化する

つまり、五感で感じたことを言葉にするように心がけるのです。

たとえば、温泉に浸かって「気持ちいい〜」と感じたときも、ただ気持ちいいだけでなく、「温かくてお湯が柔らかい感じ」とか「ここ一か月分の疲れが吹き飛んで体が軽くなる感じ」とか、言葉ではない感覚を具体的に言葉で表してみることを繰り返すのです。

②左脳に入ってきた言語情報を、右脳で出来るだけ具体的にイメージする

本を読んだり、人から話を聞いたりして、言語だけで情報を得たら、それをできるだけ具体的にイメージしてみるのです。小説は文字情報だけで読み手の想像力をかき立てます。

『国境の長いトンネルを抜けると雪国であった』という一文を読んで、自分の中にパーッと雪の情景が広がり冬の寒さまで感じられ、まるでそこにいるかのようなイメージが勝手に湧いてくる……くらいになればバッチリです。

脳は筋肉と同じなので、使えば使うほど鍛えられて脳梁は太くなります。一足飛びに直観力が上がるということはありません。とにかく実践あるのみ！　です。

Q　どうしても視えないのですけど……

A セミナーをやり始めた頃、リーディング方法をお伝えして受講者さん達に実践していただくと、必ず何名かの方々が「視えない」「わからない」「感じられない」とおっしゃっていたのです。かく言う私もこういったセミナーに参加し始めた頃は、リーディングが苦手でした……。とにかく「視えない」のです。

周囲の参加者の方々は、口々に視えるもの、感じることをおっしゃっているにもかかわらず、私には何も視えないし、感じられない……と、とても不安でした。

でも実は、これは「捉えきれていない」に過ぎなかったのです。私もやり続けてきてわかったことですが、「リーディングできていない」のではなく、湧き上がってきている情報を拾い切れていないために、「できていない」と思いこんでいるだけなのです。

私たち人間は、周囲からの情報を五感で取り入れますが、その際に、主に三種類の神経経路を通して認識したり、記憶したりします。

それは「**視覚**」「**聴覚**」「**体感覚**（触覚・嗅覚・味覚）」というもの（ＮＬＰ「神経言語プログラミング」という心理学では、このことを詳しく習得することができます）。

脳の特性上、人によって感覚の優位性が異なり、「**視覚優位**（視える情報をとらえることが得意）」なのか、「**聴覚優位**（音の響きからの情報をとらえることが得意）」なのか、「**体感覚優位**（体で感じる情報をとらえることが得意）」なのかが違うことが多いのです。

「視覚優位」の人は、情報を得るときや表現するとき、記憶する際に、映像や「見た目」を中心に認識します。画像をイメージしやすいのです。

たとえば「リンゴ」という情報には、まず赤い色や丸っこい形を連想します。

「聴覚優位」の人は、情報を「言葉」や音の響きを中心に認識します。「リンゴ」という情報には、噛んだときの「シャリッ」という音が浮かんでくるかもしれません。

「体感覚優位」の人は、それに触れたときの肌触りや温度、質感、匂い、そして何となく肌で感じる空気感などを認識します。「リンゴ」という情報には、その味や香り、重さなどが真っ先に浮かんでくるかもしれません。

このように、どの感覚が優位になっているかによって、何かをリーディングした際に、どういった形でそれが認識されるかがまったく違います。

ちなみに、私はダントツで「聴覚優位」でした。ですから、私はリーディングをする際に、言語や音の響きでそれをとらえるのが得意なのです。映像よりも、言語で察知することの方が多く、たとえば、風景などの映像で見えるわけじゃなく「東京」という地名が浮かんできたとか。それなのに、「視えない、視えない……」と嘆いていたのです。

「体感覚優位」の人は、相手の状態を自分の身体を通して感じることが多いようで、気持ちがどんよりしている相手をリーディングしているときは、何となく身体が重く感じたり、何となくの空気感を「肌で感じる」ことがあるようです。

ですから、リーディングはすべて映像化されて受け取るのではなく、もしかしたら音声（言語）や、身体や肌での感じ方で受け留めているのかもしれません。それは、その人の個性や、脳の性質上の得意、不得意が影響してきます。また、どの感覚も優位というバランスの取れた人もいます。１００人いれば１００通りの受け留め方になるのです。

大事なのは、もし自分はリーディングが苦手だと感じているのであれば、自分はどの感覚が優位なのかをまず知って、自分の感じ方、認識の仕方はどんなものなのかを知る必要があります。それを知ることで、決して自分が感じ取れていないわけじゃなく、感じていることとの認識の仕方が違っていたんだということに気がつけます。

あとは、前述の通りに〝脳は使えば使うほど発達してくる〟ので、トレーニングすればするほど、苦手だった感覚も発達してきます。やっぱり、実践あるのみ！　です。

第6章
セラピストとしての自覚と人生

〝共感〟と〝同情〟の違い

もし、あなたが本気で「セラピストになりたい！」と決めているのであれば、それがボディーワークであれ、マインドのセラピーであれ、まず始めることは、技法や知識の習得と同時に、自分のなかのお掃除をすることです。

ということを、この本の冒頭からしつこいくらいに申し上げていますが、ここでも再度そのことをお伝えします。

セラピストは、人の心身をきれいにする洗濯機のような存在。その洗濯機の水が汚れていれば……当然、洗濯物の汚れは落ちません。たとえ水が多少汚れていたとしても、洗濯物よりきれいな水であれば幾分かはきれいになるでしょう。洗濯物がいかにきれいになるかは、使う水の美しさに比例します。

でも、たまーにいらっしゃるのです。クライアントさんよりも汚れた水で洗濯をしようとするセラピストが（しかも、頼まれてもいないのにしようとする人も）……。その結果、クライアントさんは「セッションを受けたのに、何だかしんどくなってきた……」と感じてしまいます。これは、セラピスト自身がセッションを通して何らかの問題解決や浄化をしようとしている証拠です。

一般的に、これを「問題の投影」といいます。

では、「どうなったらセラピスト自身の掃除は完了したといえるのか？」と尋ねられたなら、「終わりはないです」と答えるしかありません。

私自身も、そして私のメンターの方々も、まだまだお掃除をすすめていらっしゃるようです。でも、どこかのタイミングで「ある程度、心の整理ができている気がする」と思うときがあるのです。それは、自分のことや人のことを客観的に観ることができるようになったと感じるときです。

〝分析している〟のともまた少し違い、何だかフラットさを感じながら人の話を聞くことができ、自分の問題とクライアントさんの問題を完全に分けられるよう、その相手のなかで起きていることが客観的に観えている状態です。

必要以上に感情が動かないと認識できたとき――「この人は、いまどんな気持ちで、どうなりたいのだろう？」と客観的に〝共感〟しようとしていると実感できたとき――自分の過去の感情と切り離して、〝同情〟ではなく、相手の感情に寄り添える自信が持てたとき。

そう自分で感じたら、ある程度の掃除は完了したということじゃないかと思います。

〝同情〟と〝共感〟は、似ているようでまったく違います。

ちなみに、以前の私は、自分にまったく関係ないことに対してもよく怒っていました。スーパーのレジで、（私の列ではない列で）平気で順番を抜かすおばちゃんや、ニュースやワイドショーで見るような（私とは無関係なところで）犯罪を犯した人……など。

「これは善くない！」と感じたら、自分と無関係であっても、被害者の気持ちが乗り移ったかのように徹底的に怒っていました（あくまでも以前の私です）。

また、世の中の悲しい出来事すべてを、さも自分の身に起きたことのように悲しんでしまっているセラピストもいます。

そう、これらはみんな〝同情〟なのです。一緒になって同じ感情になってしまっています。

同情のエネルギーは、負のエネルギーを増長させます。

同情というのは、同じ感情になってしまうので、自分までイライラしてきたり、何とかこの怒りをぶつけないと！　と行動を起こしたくなります。ネガティブがネガティブを呼ぶのです。

それと似て非なるのが〝共感〟です。

共に感じているのであって、一緒になってその感情になってしまっているのはなく、「それは怒っても無理ないよね」「相当、悲しいことと思います」と、**相手に気持ちを察して寄り添っている状態**です。

ここで重要なのは、相手の気持ちがわからなくてもかまわない、ということ。

まったく同じ経験をしていない限り、同じ気持ちになることはとても難しいでしょう。同じ気持ちにならなくても、その気持ちそのものがわからなくても、「これくらい辛いんじゃないないだろうか？」と想像することはできます。

そして、**相手の気持ちをわかろうとする**ことこそ、寄り添うことであり、たとえ気持ちを理解できなくても、相手は「この人は、自分の気持ちをわかろうとしてくれているのだ」と感じてもらえるのです。このような心の交流自体が、相手の心が軽くなる、つまり〝癒される〟瞬間なのです。

自分の問題を投影したりせず、フラットな状態でこの〝共感〟ができるのであれば、セラピストとして人を癒すことは十分にできます。

完全にお掃除をしつくしてしまうことは難しいとしても、ある程度のスキルが身に付いている前提で、この〝共感〟ができるのであれば、それはセラピストデビューのタイミングじゃないかと思います。

どうして自分の中の荷物を下ろさないといけないのか？

ここまで、さんざん「自分のなかのお掃除をする必要がある」ことを強調してきました。セラピストとして人を癒すには、自分自身が癒されていないとできないということも繰り返してきました。

あなたが重い荷物を抱えていて両手がふさがっていては、人の荷物を下ろしてあげることができないわけですし、あなたという洗濯機の水が汚れていたら、いくら高級洗剤を使ったところで洗濯物はキレイになりません。

そういう理由で「セラピスト自身が不要な荷物を抱えないように、セルフメンテナンスをちゃんとしないとね」と述べてきましたが、実はそれだけではないのです。

セラピストが自分のなかの荷物に目を向けないままでいると、無意識のうちに「〝**トリガー**〟**される**」という状況を招きます。

〝**トリガー**〟とは、もともとデジタル用語で、「何らかの動作を開始するためのきっかけとなる命令や信号」のことです。

ここでは、何かを観たり聞いたりした際に、その刺激で自分のなかの何かが反応して、ネガティブな感覚や感情が湧き上がってくる状態のことをいいます。

自分がうまくできないことをうまくやっている誰かを見たとき、それに刺激された妬みの感情が湧いてきて、つい攻撃的な批判をしてしまったりする、というような状態を「トリガーされている」と表現します。

第3章（116頁）で紹介した神田氏のように、妬みを素直に認めて手放せばいいのですが、そうできないときには、人は攻撃性を発揮してしまいます。

たとえば、自身の女性性というものに対してまったく自信がないAさんの目の前に、女性らしく振る舞うことがとても上手な女性が現れたとき、Aさんのなかの女性性に対する否定感が刺激されて、「あの人、色目を使っている！」「媚を売っている！」と批判してしまう、そんな状態です。

自分のなかにある、そのトリガーの素となっている荷物（この場合は自分の女性性に対する否定）が反応することで不快感を抱いているわけですから、その不快感を解消するための思考や言動をしてしまうのです。このケースの場合は、その刺激の元となっている女性を攻撃することで、Aさん自身の正当性を実証しようとしています。

もし、あなたのなかに、そのトリガーの素になるような荷物がなかったらどうでしょう？ Aさんの例でいえば、どんな女性を見ても何とも思わないか、「自分もあんな風に振舞えたらいいいな」など、肯定的に反応することになるでしょう。

トリガーの素となる荷物があればあるほど、物事に過剰に反応してしまいますから、まず自分がしんどくなるのは当然です。なぜなら、トリガーされて感じる不快感を解消するためや、自分の正当性を守るために攻撃するようなエネルギーを使うわけですから。

それだけでなく、セラピストとしてクライアントさんと接しているときに自分の問題が投影されて、トリガー状態になってしまうこともあるのです。

過去の私が、実際にトリガーされていたときのことです。

かつての私は、やり取りのなかで、少しでも依存気味の言動が出てきたら突き放すような反応をするなど、依存体質のクライアントさんに対して、必要以上に厳しく接していました。

たとえば、ちょっとした相談の電話を頻繁にしてくるクライアントさんにイライラしたり、時には「自立して下さい」とたしなめたりしていました。

とにかく依存的なことが感じられる様子が少しでもある方に対しては、嫌悪感を抱いていたのです。そして、ついつい突き放すような態度を取っていました。

今考えると、「そこまでしなくてもいいのでは?」と思えるほどでしたが、実は、当時の私のなかにあった「私は人に頼ることが許されない」「うまく援助を求められる人が妬ましい」という部分がトリガーされていたわけです。

人に頼ることを自分に許せている人をみると、まるで自分ができていない部分を(投影するかのように)突き付けられたようで、それをなんとかしたくなる衝動に駆られて過剰に反応をしていたのです。

そのことに気がついて、自分のなかの〝人に頼ることを許可していない〟部分(援助を求めている人を妬む気持ち)をちゃんと認めてあげると「人に頼ったらアカン!」という執着が手放されて、もう依存体質気味の人と出逢っても、とくに過剰な反応をしなくなり、何とも思わなくなってきました。

その結果、今は「依存気味だな」と感じられる相手と関わることが少なくなりました。

トリガーされる素の荷物があると、**その荷物を下ろすために、それが誇張されて感じられるような問題や人が、どんどん目の前に現れてきます**。そして、トリガーされなくなる、つまり荷物を下ろすまでずっと自分のなかで何かがザワザワ、モヤモヤし続けます。

そして、自分のなかの問題を解決したり、執着を手放したりできると、もう同じようなものはやってこなくなります。

心にザワザワ、モヤモヤが湧いて出てきたら、それはトリガーされている証拠です。何かを批判したり否定するのではなく「自分のなかの荷物をひとつ下ろせるきっかけが来ているな」と、それを手放すチャンスだと思って、まず受け入れてみてください。

目標型と展開型

「どれだけ学んだら、セラピストとして活動できる？」

「どんなセラピーの手法を身につけたらいいのかわからない」

「次々とやりたいことが変わってきてしまう……」

セラピストとして、そしてヒーリング手法を教えるセミナー講師をしていると、こういったご相談もよくいただくのですが、その気持ちはよーくわかります！

私自身も、最初は「とりあえず……これならできるかな？」という感じで、モヤッとスタートしましたし、その後も方向転換を繰り返して、今はセラピストデビューをした当初では思いもよらないことをしています（まさかセラピストを目指す人向けの本を出版するなんて想像すらしていませんでした）。


私がプロのセラピストとしてスタートを切ったのは、2011年の4月でした。

それまでは民間企業の会社員をしていたのですが、うつのような状態になり、心身のしんどさを感じ始めたために「心のことを勉強しよう」と思って、勤務先の近くにある「心理カウンセラー養成スクール」に通いだしました。

4年ほどかけてそのスクールを卒業して、心理カウンセラー資格（民間資格）を取得。

カウンセラーとして開業することを考え始めました。

でも、まだまだ知識と実践が足りないと感じていたし、自信もなかったので、矢野惣一先生の元で一から学び直し、わずか半年ほどで心理カウンセラーとして開業しました。

それまで4年も勉強していたのに……その年月は何だったのでしょう。**結局、勉強した長さなんてあまり関係ない**のです。開業した後に矢野先生のアシスタントをさせていただき、知識と経験を深めながら、セッションをしていました。ですから「ここまでの知識と経験を得られたらプロとしてやっていける」という線引きはないのだと身を持って感じています。

実際のところ、自分自身の勝手な感覚だけで「OK!」と言い切ってスタートできると感じたときが、プロセラピストとしてのデビューのタイミングなのです。

セラピストとして活動し始めてからの方が、学びを深めて経験を積むことが多いわけですし、セラピストデビューは、単に一つのスタートの区切りでしかないのです。しかも、**最初に目指していた方向から、その後どんどん変化していくことだってある**のです。

私は、会社員時代に心理学を勉強しはじめて、退職し、心理カウンセラーとしてスタートしたのですが、会社を辞める数か月前に、レイキヒーリングを学びはじめました。

レイキヒーリングは、エネルギーワークのひとつです。レイキと出逢うまでの私は、エネルギー的なものにまったく興味もなければ知識もなく、「レイキ？　それって焼き菓子の名前ですか？」と訊ねてしまうくらいでした。

20年近く金融関係に携わっていたということもあり、超リアリストで、数字や理屈で納得できないものは一切受け入れません！　というくらい、ガチガチに頭の固い人間でしたので、元科学者である理論的な矢野先生の心理学はピッタリとハマっていたと思います。だけど、そんな自分がなぜかレイキヒーリングに惹かれてしまいました。

開業当初は、「心理カウンセラーとして個人セッションをたくさんやっていこう！」と決めて活動し始めたはずなのに、すぐにレイキヒーリングのご要望ばかりいただくようになり、はからずも方向転換。3か月もすればレイキヒーリング手法を人に伝授するティーチャーとなって、セッションよりも、手法をお伝えする方がメインになっていました。

そして気がつけば、今や個人セッションはほとんどすることなく、ヒーリング手法を教える講師としての活動がメインになっており、心理学がやりたかったはずなのに、もともと全然興味のなかったスピリチュアルといわれる世界のことをお伝えするようになっていました。そして今、またまったく違う事をしたくなっている自分がいるのです。

セラピストとして活動を始めた当初を振り返れば、「**思わぬところにたどり着いてしまった**」という感じです。もっと振り返れば、私の社会人生活は郵便局員から始まっていて、その当時からすると、今の私がやっていることなんて皆目見当もつかないし、こういった世界が世の中にあることすら知り得ないことでした。

「この先、自分が何をしているのか」「5年後、10年後の自分がどこを目指しているのか」なんて、わからなくて当然です。ですから、今この時点の自分が、着地点や最終目標地点を決めなくていいし、決まるほうがおかしいのです。

願望を実現させたり、何かひとつのことをやり遂げたりする上で、〝**目標型**〟と〝**展開型**〟というタイプ分類があることを知っておかれるといいと思います。

最終目標地点にたどり着くまでの行程を細分化して短期目標を決め、その計画通りにコツコツと実行していけるタイプの人を〝**目標型**〟と呼びます。

一方、〝**展開型**〟というのは、その時々の展開に応じて動き方を変えます。大きな目標は立てるけど、そこに行きつくための細分化された目標などは立てずに、その場その場で

目標型と展開型　図16

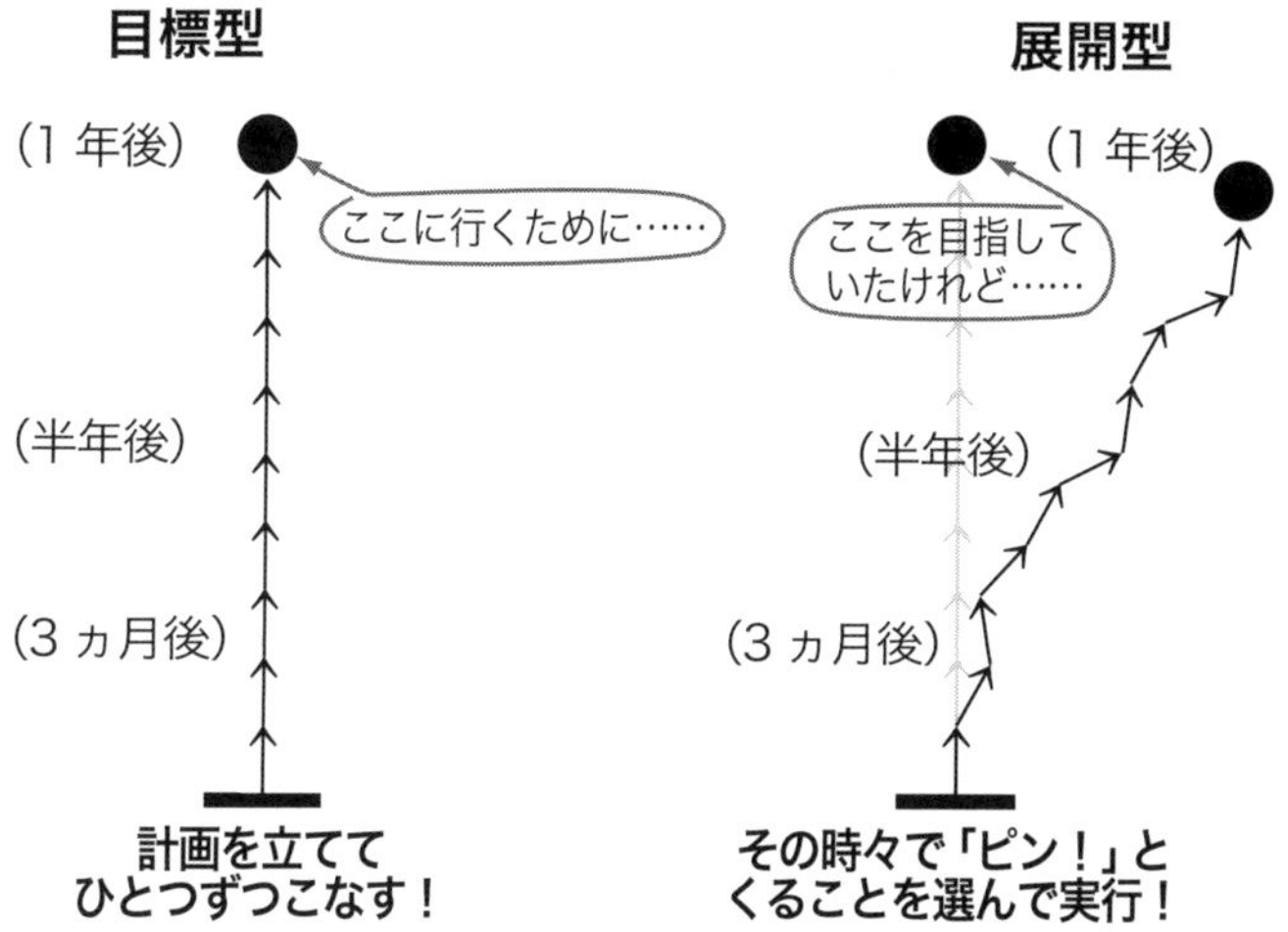

次の一手を決めながら進むタイプです。出逢いや出来事によって、ひらめいたことを当面の目標にして進むので、周囲から見ると無鉄砲に見えるかもしれません。気づいたら、最初目指していた大きな目標自体が変わっていて、違うところを目指している……なんてこともあり得るのが、この〝展開型〟です。

私もこのタイプなので、だから振り返ると「思わぬところにたどり着いてしまった」ということになっています。

〝目標型〟〝展開型〟のどちらが良いとか悪いとかではありません。もし、「やりたいことがコロコロ変わってしまっているけどいいのだろうか？」と感じているのであれば、それは自分が〝展開型〟であるかもしれないということです。そういうタイプの人は、その時々のひらめきで進んでいくという自分の本質と直感を信じ切ってください。

机上の空論では、自分にとっての本当の答えは出てきません。とにかくやってみて、進み始めてみないと見えてこないこともあります。

「よし！　これでＯＫ！」と自分が自分にゴーサインを出せたら、まずは一歩踏み出してみるのです。そこから見える景色を観て、次のことを決めればいいのです。

〝人の人生に関わる〟〝責任を取る〟という覚悟を決める

セラピストという職業は、とても責任重大な仕事です。

いや、世の中のどんな職業だって大きな責任がありますし、セラピストだけが特別に責任が重いということではありません。ただ、心や身体にダイレクトに働きかけるという点では、お金では責任を取り切れない次元のことを扱っているといえます。そういった意味では、もしかしたらお医者さんと同じ類の責任を負っているのかもしれません。

残念ながら、心を癒すためにセラピストの元を訪れたはずなのに、逆にキツイことを言われて傷ついて帰ってきたとか、説教されて腹が立ったとか、間違っていると指摘されて人間不信に陥ったとか、そういった話をいろいろと耳にする機会があります。

また、善かれと思ってのことでしょうけど、体調が思わしくないと言っている友人に、頼まれたわけでもないのに「身近な人の生霊《いきりょう》が2体憑《つ》いている」などと言って当人を困惑させたセラピストもいます。

セラピストの言葉は、自分が思っている以上に人に影響を与えます。ズバッと言ってしまうのは簡単です。でも、「相手がどう受け止める?」「この人は本当はどう言って欲しい?」という観点で伝えない限り、それは単にセラピストの自己顕示欲でしかありません。

セラピーの目的は、相手の心身を軽くすること。それがすべてのセラピストに共通した着地点です。

そのことを理解しながらクライアントさんと接することこそ「セラピストとしての責任を取る」ということになると私は思います。

「責任を取る」というと、とても重いものを一緒になって背負ってしまうイメージがあるかもしれませんが、必ず問題を解決しないといけないわけではないのです。セラピストは神様でも魔法使いでもないのですから、不可能なことだってあるのです。

以前に私は、心理療法の師匠である矢野惣一氏が公開カウンセリングの際、壮絶な人生を送ってきて、考えられないくらいの深い苦しみの中にいるクライアントさんに対して、

「あなたは私の想像をはるかに超えた苦労をなさっているから、私のセラピーなど役に立ちません。それほど大変な思いをされましたね」

と、正直におっしゃっているところを見たことがあります。

矢野先生が「自分の力を知らしめて、いいように見せよう」という姿勢であったならば、こんな言葉は出てくることはなく、何とか変えてやろうと必死に手を尽くされたと思います。

真摯にクライアントさんに向き合って、クライアントさんが少しでも楽に軽くなることだけを着地点にしているからこそ、こういった言葉が言えるのでしょう。

だから、この言葉を聞いたクライアントさんは、その言葉だけで十分に救われたように感じました。「一生懸命に自分をわかろうとしてくれた」「今までの自分の苦しみが認められた気がする」というだけでも、人の心は軽くなるのです。そのクライアントさんには、矢野先生のこの言葉こそが必要だったのでしょう。

自己顕示欲や承認欲求を手放して、セラピストとして覚悟が決まっていれば、目の前のクライアントさんにとって一番必要な言葉がおのずと出てきます。

セラピストとしての覚悟が決まっているかどうかというのは、〝**目の前の人の心を、自分ができ得る限りの手法を使って軽くすると決めているかどうか**〟だと私は思うのです。


そして、その覚悟をしっかり決めるためには、**提供するセラピーの費用をしっかり受け取ること**。「セラピーでお金を受け取るのはちょっと……」と、対価としてお金を受け取ることに抵抗を感じるセラピストは多いものです（私もかつてはそうでした）。

自分の手法に自信がないという理由の人もいますし、セラピーというのは見返りを期待してはいけないものだという信念をお持ちの方もいらっしゃいます。

気持ちはわからなくもないのですが、無償や安価でセラピーを行うということは、潜在的に〝責任逃れ〟をしていることになります。「無償だから」「安くしているから」という理由で、**覚悟の浅いセラピー**をしてしまうのです。

「いやいや、自分は対価を貰わなくてもいつも全力だ」と顕在意識（表面意識）では思っていらっしゃるかもしれませんが、無意識は〝エネルギー交換〟と認識した行動を私たちに取らせています。受け取ったエネルギー（お金）と同じ分だけ、自分もエネルギーを出そうとします。ですからその分、クオリティの高いセラピーが行われるのです。

これはクライアントさんにとっても同じことがいえます。

高額のセラピーを受ける場合と、安価なセラピーを受ける場合と、どちらの方が覚悟を決めて真剣に向き合おうとすると思いますか？

きっと、本気であればあるほど、高額のコースを選ぶでしょうし、支払った分の変化を自分で起こす、という期待をもっています。クライアントさんの覚悟も、支払う金額に比例するのです。

これは決して「高額の価格設定をしてください」という意味ではなく、クライアントさんが覚悟を決めるのに相応しい価格設定をするということです。

セラピストにとっても、**自信があるから相応額のセラピーを行えるではなく、相応しい額のセラピーを行うから、自信も持てるし覚悟も決まる**のです。

セラピーでお金を受け取ることを躊躇している人は、ぜひ「これは少し抵抗あるかも……」という金額設定をしてみてください。そのセラピーに対するあなたの覚悟に見合う人と必ず出会えます。

「知識」×「応用力」＝〝智慧〟

最近はセミナーが活動の中心になり、あまり個人セッション形式のセラピーを行わなくなりました。

それにはいくつか理由がありまして、まずは、私自身があまりセッションが好きではないということですが、これは単に好みというか、向き不向きの問題です。

「セッションを受けるより、自分で自分を楽にできる手法を身につけた方が早いのに……」と思ってしまうから、どうしてもセミナーを受けることをお勧めしてしまうのです。

費用面でも、しんどくなる度にセッションを受けるよりも、一度手法を身につけて、あとは定期メンテナンスとして、たまに誰かのセラピーを受ける方が経済的です。

また、セミナー形式だと、一度に何人もの方々に伝えられるので効率的であることもその理由ですが、受講者さんの発言などの刺激によって、思わぬ癒しが起こることもあり、それをコントロールしながら進めていく。つまり〝場のエネルギー〟ってヤツを利用して、大きな癒しを起こす……という方が、私は得意なようです。

逆に、私と違って「セミナー形式で伝えるよりも、個々に合わせたセッション形式の方がやりがいがある」と感じられるセラピストさんも多いので、セッションはそういった方にお任せしたいと思っています。

さて、セッションであろうと、セミナーであろうと、私のなかでいつも大事に掲げていることがあります。それは、「クライアントさんとは一期一会《いちごいちえ》」ということ。

セッションであれば、何度か（できれば1回だけ）受けて「もう大丈夫！」と思える自分になって欲しいですし、セミナーであればそこで得られた「知識」を元に、自分で自分の人生の主導権を取り戻す自信を得て欲しいと思っています。

「知識」は、財産です。そして、応用させれば、それは〝智慧〟になります。

「知識」×「応用力」＝〝智慧〟

なのです。

「知識」は大事ですが、それだけでは、何の役にも立ちません。応用して、活かしてこその「知識」です。

私たちの変化も同じで、何かを知ったり、気づいたりするだけでは、何も変わりません。知識や気づきを応用してこそ変化が起こります。

私は開業以来、ヒーリングや心理学に関する「知識」をお伝えしてきました。セッションや講座は、その「知識」を得るための場であり、「気づき」を得られる場です。ただ、最も大切なのは、そこで得た「知識」や「気づき」を「行動」に起こすこと。

残念ながら、セミナーや講座、そしてセッションなどを受けることを「行動」と思われている方が、世の中にはたくさんいらっしゃるようにお見受けします。

「こんなに講座を受講しているのに、理想的な自分になれない」「あの人のセッションも受けたけど、何も変わらない」「あのセミナーを受けていないからダメなんだ」

こんなことをおっしゃる方が、残念ながら少なくないようです。

実は、そういった方々が口にされる「共通認識」があります。

「私は頑張って変わったんだけど、○○さんが変わってくれない限り状況は変わらない」「○○というブロック（思い込み）のせい」というようなもの。つまり、うまくいかないのは「（自分も含めて）何かのせいだ」というように、誰かが〝**責任を果たしていない**〟

という認識をお持ちなのです。

その認識は、「ほかの誰かの責任」「自分のなかのブロック（過去の経験）の責任」というように、責任の所在を追究することにエネルギーを注いでしまいます。責任を追い求めるということは、うまくいかないことを創りだしている犯人を捜しているに過ぎません。

犯人が探し出せると、「言い訳ができる」という安心感が得られます。

「気づき中毒」といわれる人たちは、そのために〝セミナー依存〟〝セッション依存〟に陥ってしまいます。

変化のためには、責任も原因も追求する必要はありません。ただ〝自分で変える！〟という覚悟を決めるだけ。それが、「人生の主導権を握る」ということなのです。

人生の主導権を握ると、思い通りの人生をデザインして創ることができます。

その感覚を知れば、勝手に人生が、自分のデザイン通りに創られることが当たり前になり、何かに責任を押し付けることを自然としなくなります。

そして、もう「誰かのせい」「ブロック（過去の経験）のせい」と言わなくなります。

何かのせいにする……つまり、原因や責任の所在を探すことにエネルギーを向けることがなくなり「思い通りの結果を出すために、どう動こう？」という方向へ、自動的にエネルギーが注がれます。そして、愚痴や文句のない人生となるのです。

そうやって、自分の人生の主導権を握るための第一歩は、自分が変わるという〝本気の覚悟〟を決めるということです。

つまり、**「何かのせいにしない」という「覚悟」**を決めるのです。そして、**覚悟を決めた後で必要なのが「知識」**なのです。

自分の人生の主導権を握る覚悟が決まっている人が「知識」を得たら、それは途端にひらめきのような**〝智慧〟**になります。

私がやってきたセミナーは、「知識」が得られるセミナーです。そして、私が尊敬するセラピストさんたちは、その「覚悟」が決まるきっかけになるセッションをされています。

セミナーを受講すること、セッションを受けることによって、人生が変わるのではありません。人生の責任を自分で持つという「覚悟」が決まっている状態で得た「知識」を活用して〝智慧〟に変えることで人生が変わります。

覚悟は「応用力」になるのです。

セミナーやセッションだけの話ではありません。覚悟が決まっている状態であれば、何気に目についたもの、耳に入ったことが、自動的に「応用」されて〝智慧〟になります。

どうぞ自分の人生の主導権を握って〝幸せになる覚悟〟を自分で決めて、周囲の人までを幸せにしてしまうような素晴らしい充実の人生を歩んでください。

第6章
セラピストとしての自覚と人生

あとがきにかえて

「このボリューム、よく書いたなぁ」

この本の装丁デザインを快諾してくださった神田氏が、初稿（最初の原稿）に目を通した際の第一声がこれです。

確かにこの本は、最初に原稿を書き上げていく作業よりも、その後で削ぎ落としていく作業の方に大変な労力を使いました。それくらい、私が持っているものすべてを出し切った気がする、まさに〝卒業制作〟のようなものとなりました。

世の中には、無数の「癒しの手法」があります。

私が知っている手法なんてほんの一握りで、他にも劇的なものがたくさんあるでしょうし、地球規模で意識波動が上がっている昨今ですから、今までは考えられないほど深く、瞬時に癒しをもたらす手法が、これからどんどん出現してくるでしょう。

でも、すべての基本は一つのような気がしてならないのです。その手法が違うだけで、根本は同じ。

それは、癒しの世界や精神世界に限ったことだけではなく、世の中の真理のようなもの自体が実は一つで、すべて同じことが元になっているのではないかと思うのです。

だから、手法以前にベースとなる基本部分の軸をしっかり持っていないと、どんな手法も役に立たないのではないか、逆にベースとなるマインドがしっかりしていれば、手法なんて必要ないのではないか……そんな想いを込めてこの本を書きました。

実際に、私はここ最近、新たに癒しの知識や技術を身につける機会をほとんど創らなくなり、今でもずっと通い続けている講座は、『お笑いセラピスト』として尊敬してやまない尾﨑里美先生のイメージトレーニングの講座くらいです。


実は2年ほど前、その尾﨑先生のイメージトレーニングのワーク中に、あるビジョンが湧き上がってきたのです。

それは、まったく見ず知らずの若い女性が（なぜか名古屋駅の新幹線のホームで）私のほうに駆け寄ってきて、私が書いた（らしい）1冊の本を手に、

「この本のおかげでブレない軸ができました！」

と、お礼を言ってくれるというシーンが鮮明に湧き上がってきたのです。

今でも思いだせるほど明確なそのイメージのなかで、私は「彼女はセラピストとして歩き始めたばかりなんだ」と感じたのです。

その時から「本を通して、多くのセラピスト志望の方々に、自分が持っている限りのものを伝える」という目標を掲げるようになりました。そして、多くの方々のご尽力によって、今それが形になったのです。

カウンセラーとしてのベースとなる知識をもたらしてくださった矢野惣一先生。この本には矢野先生の理論が多く盛り込まれています。

同じ志を携え、常に支えてくれるマスターマインドのみなさま、そしてその宝物のような仲間を得る機会を創ってくださった中井隆栄先生。

思うままの人生を創れるということをご自身の生き様を通して示し、常に刺激を与えてくださる尾崎里美先生。

自分のことにようにこの本の出版を楽しみにして下さっているクライアントさま、受講生のみなさま。

「たくさんの人に想いを伝えるのがみさっちょの使命」という言葉を私に遺してくれた

あとがきにかえて

さんちゃん先生。

この本の出版のきっかけを創り、私の持ち味を引き出して常に伴走して下さった知道出版の奥村さま。

素晴らしい装丁だけでなく、計り知れない時間と労力を注ぎ、全面協力体制でこの本を光り輝く宝石のようにして下さった、人生の同志でもある神田樹希さん。


そして、今までの人生で関わったすべての方々。

みなさんのおかげで、想いを形にすることができました。

本当にありがとうございます。


本書をお手に取ってくださったすべての方から、幸せが広がることを願ってやみません。

2016年7月

片岡美沙

著者プロフィール
片岡美沙（かたおか みさ）
心理カウンセラー、ヒーラー、セラピストマインドトレーナー。

1994年より郵便局の貯金保険業務として勤務、2005年に金融系コンサル会社に転職。人間関係での衝突、組織特有の矛盾や憤りを感じながら、うつ状態、摂食障害を繰り返したことをきっかけに、矢野惣一氏、尾﨑里美氏に師事し、多方面の心理学を学びながら2011年に『マインドセラピールームwica』を設立、心理カウンセラーとして独立開業。

その後、レイキヒーリングやシータヒーリング等の講師として、ヒーリングやエネルギーワークの知識と経験を深め、現実の世界と、目に見えない世界とのバランスの取れたセラピストとして地位を築く。

個人セッションを行う一方、セラピストの養成に注力し、そのクライアントや受講者数は5年間で延べ2,000人以上にのぼる。

地に足が着いたセラピストマインドと、笑いの中で腑に落ちる講座やセミナーは、セラピスト志願者からの絶大な支持を得て、個人サロンとしては類を見ない程の人気を誇る。

『私が多くの人を癒すのではなく、多くの人を癒す人を育成する』をモットーに、現在はセラピストの養成を中心に、経営者や企業内の心理的サポート業務などに尽力している。

カバーデザイン：神田樹希（lleno）

セラピストマインド　癒《いや》しの基本《きほん》となる心《こころ》の整《ととの》え方《かた》

2016年 10月6日　初版第1刷発行
著　者　片岡美沙
発行者　鎌田順雄
発行所　知道出版
〒101-0051 東京都千代田区神田神保町1-7-3 三光堂ビル4F
TEL 03-5282-3185 FAX 03-5282-3186
http://www.chido.co.jp
印　刷　モリモト印刷

ISBN978-4-88664-285-1